「琉球王朝と海外交易国家としての繁栄」

―琉球王朝に海外交易国家としての繁栄をもたらしたものは何か―

貿易で栄えた琉球王朝の素顔に迫る

平敷　慶宏　著

目　次

序文

平成十二年八月十九日〜二十一日にかけて、名護市のブセナリゾートホテルでサミット（先進国首脳会議）が開催されました。沖縄県を先進国の首脳が一堂に訪れたのは、歴史上初めてのことであり、そのサミットの模様は、マスコミを通じ全国や世界各国に紹介され、沖縄は一躍有名になりました。

沖縄県で何故サミットが開催されたかと言うと、国際都市形成構想やＦＴＺ（全県フリーゾーン構想）などが推進され、日本の国際化のモデル地域ということで、日本政府からも期待されているという事実も挙げられるのではないかと思います。特に沖縄県は、琉球王朝時代約五百年間にわたってアジアと交易を行って来たという歴史を有しており、日本全国の中でアジアに地理的に最も近いという条件も有している事情などから「アジアとの架け橋づくり」としての期待が高まって来ています。

今、県内でもアジアとの交易の機運が徐々に高まってきていますが、我々の先祖達が、大海原へ出帆し、海外に富を求めた、約五百年間の長きに亘る貿易時代を再現することも夢ではありません。

その為には、我々の先祖達が築いた貿易時代の足跡を振り返ってみるのも必要ではないかと思います。長い貿易時代を支えた大きな要因のひとつが、祖先達が未知の世界を求め、危険を冒しながら大海原へ船出した海外雄飛の精神です。

首里の博物館内に万国津梁の鐘が安置されていますが、その碑文の内容に脈々と流れている精神こそまさに海外雄飛の精神を如実に物語っています。万国津梁の鐘は、第一尚氏尚泰久王が鋳造したものです。尚泰久王が即位した時、父尚巴志に長年仕え戦国武将の生き残りであり、義父でもあった護佐丸の乱があり、また阿麻和利の乱もありました。その為に心に言いようのない傷を負った尚泰久は、それを癒す為に各寺の鐘を十八も鋳造しました。その一つが万国津梁の鐘なのです。

その万国津梁の鐘の碑文の一節に次のようなものがあります。「琉球国者南海勝地而鍾三韓之秀以大明為輔車以日域為脣歯　在此ニ中間湧出之蓬莱嶋也以舟舟ヲ為万国之津梁異産至宝充満十方刹」

これを和訳すると「琉球国は、南海の素晴らしい地であり、中国、朝鮮国、日本の各国と親密な友好関係を持ち、これらの国の中間に位置している。また古来より舟をあやつり、世界の架け橋となっている。そのおかげで世界の宝物が国中に溢れている」となります。―まさに海外との交易を求めた我々の祖先達の心意気が伝わって来る感じがします。

本書は、そのような我々の祖先達が築いた黄金の貿易時代の実相を少しでも多くの人々に知っていただきたいという願いから出版致しました。

歴代琉球王朝の約五百年間の長きに亘る交易を振り返って見た場合、次に掲げた四期に区分でき、その間交易の内容に関してもさまざまな変遷があります。

第一期…察度王が進貢貿易を行った一三七二年から尚巴志による三山統一が行われた一四二九年までの六十七年間。

第二期…一年一貢制から二年一貢制に切り替えられた一五二二年までの約百年間。

第三期…尚真王の末代から島津による琉球侵略が行われた一六〇九年まで。

第四期…薩摩の琉球侵略後一八七四年の琉球処分まで。

察度王によって初めて明朝を築いた高祖の朝貢要請に応じ一三七二年、中国との進貢貿易が開始された訳ですが、その王位就任については、有名な羽衣伝説が今に至るまで継承されています。森川の泉付近をある日通りかかった奥間大親は、泉で水浴びをしている天女と出会います。天女の美しさに心を奪われた大親は、その天女と仲良くなり、やがて妻に迎えます。そして、二人の間に生まれた子供が察度です。察度は、成人した後勝連按司の娘を嫁に迎えますが、その後人々におされ、王位に就いたのです。その察度王の実像については、第五章五で詳述したいと思います。

その察度の治世から琉球は南山、中山、北山の三山分裂時代に入りますが、それぞれ独自に中国との進貢貿易を行っています。

その後、一四〇五年、南部の佐敷から身を興した尚巴志が武寧を滅ぼし、一四二九年尚巴志による三山統一により第一尚氏が隆盛期を迎えます。そして尚巴志の時、初めて中国の明朝の冊封を受け、その時尚氏の称号と支弁冠服も賜っています。

南蛮貿易は十五世紀前半から十六世紀後半にかけて行われましたが、その時期の中国との進貢貿易における主な貿易品は、硫黄、馬、貝殻、蘇木、胡椒、ウコン、刀剣、屏風などでした。その中でも東南アジアから仕入れた蘇木や胡椒で、歴代琉球王朝は莫大な利益をあげました。ちなみに、胡椒の中国への輸出量をみた場合、尚徳王期・尚円王期（一四六一年～一四七六年）が最もピークでした。

その後第二尚氏尚真王の時代に入ると、在位期間五十年間を通じ、年平均三隻以上の進貢船を中国に派遣し、歴代国王の中でも最も多く中国に進貢船を派遣しています。

それから十七世紀前半は、薩摩の琉球侵略や明朝の衰退の為、中国との進貢貿易は衰退の時期を迎えます。その後諸施策を講じることにより、中国との進貢貿易は再び活況を呈するようになりますが、尚質王の治世時には、中国においては明朝から清朝への王朝の変遷があり、清朝へ初めて進貢船を派遣しています。以後、一八七四年の琉球処分まで、中国との進貢貿易は行われました。

本書の構成は、このような歴代琉球王朝の約五百年の長きに亘る貿易時代を築いた原動力になったものは何であったのか、というテーマに従って、次のようになっています。

第一章から第三章までは、琉球の歴史が本土の歴史より古いこと及び琉球王朝が海外交易国家として栄えた理由などを述べています。第四章から第六章までは、久米三十六姓が王府の行政及び貿易に深く関わったこと、歴代琉球王朝の成立背景と海外交易の変遷、琉球王朝を支えた卓抜した王府組織について詳述してあります。

本書が琉球王朝の長きに亘る貿易時代の実相をすべて記述したものでないことは確かではないかと思っていますが、重要事項については網羅したつもりです。

本書ができる限り多くの人々の琉球王朝の貿易時代の実相を知る一助になれば、筆者の望外の喜びとするところです。

平成十三年一月二十二日

第一章　琉球の歴史は本土の歴史より古い

一、日本でも最古の人類は沖縄県で発見されている

新石器時代の人類の化石は、世界各地で発見されていますが、日本で最古の人骨は、沖縄県で発見されています。宮古島の洞窟で発見された人骨が最も古く、その次が那覇山下町で、鹿の骨や石器と一緒に発見された約三万年前の山下原人です。

その後発見されたのが、約一万八千年前の港川原人です。一九六七年、大山盛保氏によって、具志頭村港川の海岸線に沿って切り立った崖状の中腹部分の岩の割れ目の部分から発見されました。発見された当時、ほ

ぼ原形をとどめる形で数体発見されました。大山氏が港川原人を発掘するきっかけになったのは、本土各地から約二千体発見されたナウマン象の化石です。日本でナウマン象の化石が発見されたということは、当時日本と中国大陸が陸続きだったという推測が成り立ち、大山氏はそのことからナウマン象を追って原人も日本に渡って来たのではないかと考えて、発掘を思い立ちましたが、それが港川原人発見のきっかけになった訳です。

港川原人は約一万八千年前突然滅んだとされていますが、どのような原因で滅んだのか、今のところ謎です。ただ港川原人が発見された時、数体が折り重なるようにして発見されていることや、短期間で絶滅した状況を考えると、天変地異で滅んだのではないかという推測もされています。

二、ムー大陸文明の遺跡として騒がれている海底遺跡が沖縄近海で相次いで発見されている

ムー大陸というのは、約一万二千年以上前に太平洋にあったとする謎の大陸で、非常に高度な文明を持っていたとされています。

ムー大陸が実在した、と最初に提唱したのはイギリスの軍人だったチャーチ・ワードです。彼はインドに駐留していた時、インドの古い寺院でナーカル文書を発見し、それを解読することにより、ムー大陸の内容について知り、その後「ムー大陸は太平洋上にあった」という本を出版し、それにより一般の人々にもムー大陸の事が一般的に知られるようになったのです。

ところで、最近沖縄近海でも、謎の海底遺跡が各地で発見され、ムー大陸の遺跡ではないかと騒がれています。（ちなみにチャーチ・ワードの本によると、ムー大陸は約一万二千年前、天変地異によって海底に沈んだとされています。）

その一つが、与那国島沖で発見された謎の海底遺跡です。この海底遺跡は、琉球大学海洋地質学科木村教授の学術調査もなされ、テレビでも何回か全国放映され、話題を呼んでいます。また「神々の指紋」で世界的な大ベストセラーの著者グラハム・ハンコックの学術調査も行われました。

遺跡は、石段を積み上げ側面を石で囲んだ構築物になっていますが、石段はほぼ九十度の勾配をなしており、また構築物の壁面から線刻文字も発見されており、どう見ても人工の構築物としか思えないのです。学術調査の結果、「ムー大陸の遺跡ではないか」という見方がなされ、現在注目を集めています。

また慶良間諸島阿嘉島近海でも、ストーンサークルの海底遺跡が発見されています。六角形状の石柱群を中心としたストーンサークルで、現在地元で学術調査が行われ、観光資源に供しようということで準備が進められています。この遺跡もまた「ムー大陸の遺跡ではないか」ということで、白熱した論議が展開されています。

それから、粟国島近海でも海底遺跡が発見され、注目を集めています。

三、日本最古の貨幣は沖縄県で発見されている

平成七年十月中旬、約二千三百年前の中国の燕（春秋戦国時代にあった国）貨幣が、具志頭村で発見されました。この貨幣を発見したのは米国人で、当時マスコミでも取り上げられ、話題を呼びました。

これと同種の貨幣が戦前、那覇市の城岳公園からも見つかっており、その貨幣が二回発見されたのは、日本全国で唯一沖縄県だけです。

このことは、当時琉球が海外交易国家として中国と幅広く貿易していたことを物語っています。この貨幣は明刀銭と呼ばれていますが、現在首里の龍潭池のほとりにある県立博物館に保存されています。明刀銭は青銅色で底光りするような輝きがありますが、大きさは四～五センチくらいです。

四、今から二千三百年前の稲作を裏づける古文書が現存している

玉城村百名と言えば、アマミキヨ伝説の地として有名です。玉城村村誌にも紹介されており、琉球の開闢神話として一般的に知られています。約二千三百年前、アマミキヨが初めて上陸した地が、玉城村百名海岸付近にある浜川御嶽だとされています。アマミキヨはその後ミントン城を築き、次に玉城城を築いて琉球を統一したとされています。ちなみにアマミキヨが築いた王統が、天孫氏王統（琉球最初の王統である舜天王統に先立つ王統として、その内容については、現在謎に包まれています）だとされています。

ところで、そのアマミキヨ伝説に関連した「あまへーだの歌」という古文書が、玉城村百名の旧家比嘉家に代々伝えられ、保存されています。

ものです。

「あまへーだの歌」は、二十八番から構成されており、稲作作業を歌った

「あまへーだの歌」の序文には「その歌は玉城村字百名の大前と、安里比嘉という葛家が互いに申し合わせて一緒に正月を吉日として、メージという、昔鶴が稲穂を喰って北方へ渡る時に、如何なる事があったか落ち哀れ死んだという稲の初めての土地を最初に拝し、それから受水走水に廻り、後でこのアマヘーダという田植えの式を昔からあげるが、各々の根地御稲田でこの歌を歌って式をあげる」と記されています。

著者が「あまへーだの歌」を直接目にするきっかけになったのは、平成六年の十一月にさかのぼります。琉球の古代史の造詣が深い赤嶺元龍氏と森根宏一氏、筆者は、百名の旧家比嘉家において、御稲田祭りの内容を、当主の比嘉福栄氏から拝聴しました。その時、比嘉氏がおもむろ

に私達に見せてくれたのが「あまへーだの歌」だったのです。

この「あまへーだの歌」は、明らかに稲作作業を詳細に詠んだものです。あまへーだとは、おそらく天の恵みを受けた田んぼという意味だろうと思われます。アマミキヨが、玉城村百名にある浜川御嶽に辿り着いたのが、今から約二千三百年前です。

そして稲作をはじめ「あまへーだの歌」を作ったと語り伝えられています。日本で稲作が始まったのも、紀元前三世紀弥生時代の頃だとされています。ちょうど年代的には、アマミキヨが稲作を始めたのと、ほぼ近いものがあります。

ところで「あまへーだの歌」の大きな問題点は、アマミキヨなる者が、何者だったかということです。それははるかかなたからやって来た人ということで、おそらく当時中国の南にあった雲南国からやって来た一群

の人々だっただろうと思います。その理由としては、弥生人のルーツが雲南国の人々と似通っていることがあげられます。

アマミキヨが最初に築いたミントン城。聖地にふさわしい
荘厳さと霊気に包まれ、今でも参拝者の数が絶えません。

百名の浜川御嶽。アマミキヨは、この浜川御嶽で仮住いをした後、

約2300年前、アマミキヨが最初に上陸したと伝えられている玉城村
ミントン城に移り、琉球全土を統一したと語り伝えられています。

第二章　琉球王朝は海外交易国家として栄えた

一、元軍が鎌倉時代に沖縄に来襲した

現在NHKの大河ドラマ「北条時宗」が、お茶の間で人気を博していますが、そのクライマックスが元軍の来襲です。南宋を滅ぼし、中国を傘下に治めた元はフビライ皇帝の時、弘安の役（一二七四年）、文永の役（一二八一年）の二回、日本に来襲しました。

時の鎌倉幕府執権は北条時宗でしたが、歴史始まって以来の未曾有の国難を、朝廷と一致協力、御家人達の奮戦もあり、無事乗り切ることができました。

ところでその元ですが、一二九一年と一二九六年の二回、沖縄にも来襲しているんですが、それは歴史上意外と周知されていない事実ではないかと思います。元はフビライ皇帝の時とその死後、大軍で朝貢を拒否した沖縄に来襲しています。当時琉球国王だった英祖は、家臣達を叱咤激励、その勇戦もあって元軍を二度に亘って撃退することができました。それから元の来襲以前、隋の煬帝の時代にも来襲しています。その時の様子が、隋書の琉球国伝に詳しく記述されていますが、その中に「……弓や刀、矢、鎧などを利用しているとか、各按司が支配して都が二、三カ所あるとか」の下りの部分があります。その隋の来襲を琉球側は奮戦し、捕虜数千人出しましたが、撃退しています。

ところで前述したような元の来襲の背景を考えた場合、琉球は察度王が初めて十四世紀の後半（一三七二年）、中国との進貢貿易を開始する以前から、中国と深い関わりがあり、元はその事を熟知していたからではないかと思います。

その根拠をいくつか列挙しますと、まず第一に前述した隋書の琉球国伝の存在です。第二は浦添城址から発掘されている高麗瓦（朝鮮の高麗王朝時代の瓦）は、一一五三年から一三九三年にかけてのものだという歴史的事実です。その詳細については、第五章三及び四で述べたいと思います。

二、明朝時代から清朝までの約五百年間に延八百七十二隻の進貢船が中国に渡った

琉球王朝が中国との進貢貿易を開始したのは、一三七二年察度王の時です。時の察度王朝は明朝洪武帝の朝貢の要請を受け、中国に初めて進貢船を派遣したのです。その後にシャム（タイ）などを中心にした南蛮貿易も開始されました。

当時琉球には、進貢船を建造し得るだけの造船技術がなく、かつ航海や貿易実務を担えるだけの専門家集団がいませんでした。そこで察度王は、明朝から進貢船を下賜され、また航海や造船、貿易実務の手助けをする専門家集団の久米三十六姓（梁氏、鄭氏、蔡氏、金氏、林氏）を福建省から招聘しました。

当時は一年一貢制で、中国への主な貢物は硫黄、馬、貝殻製品でしたが、その後第二尚氏尚真王の時代に二年一貢制（一五二二年）を余儀なくされました。ちなみに進貢船の平均的な大きさは、長さ四十五メートル、幅八メートル（約三百トン）でした。

ところで察度王の時代に始まった中国貿易またはその後の南蛮貿易ですが、以後琉球処分の一八七四年まで、約五百年間の長きに亘って行われることになりました。その期間を区切ると次の四期に区分することができます。

第一期は察度王が進貢貿易を行った一三七二年から尚巴志による三山統一が行われた一四二九年までの六十七年間、第二期は一年一貢制から二年一貢制に切り替えられた一五二二年までの約百年間、そして第三期が尚真王の末代から島津による琉球侵略があった一六〇九年まで、最後の第四期が薩摩の琉球侵略後一八七四年の琉球処分までというふうに区分できるかと思われます。

ちなみにこれらの貿易期間の中で、最も進貢船の数が多かったのは、第二期の初め、尚巴志、尚忠王の中国三、二隻、南蛮一、九隻です。

ところで中国との進貢貿易ですが、その進貢船には実に多くの人々が乗り込んでいます。使節にあたる正義太夫、長使、それから貿易実務を担う通事や管船直庫、航海に関わる火長（船頭）や舟子、船大工などです。それらを組織図で示すと、次に掲げる第一図のようになります。

進貢貿易当初の頃は、才府や官舎、船頭をはじめ舟子や船大工なども、久米三十六姓が担っていましたが、第二期の途中からは、首里系や那覇・泊系の人々が担うようになりました。

悠久の歴史を超え、今に蘇った進貢船。長さ41m、幅８m、約300トンの偉容を誇る進貢船は、往昔の雄姿を偲ばせるものがあります。

第1図

首里系	久米村系	那覇・泊系
王舅	長使	舟子
正義太夫	在船都通事	船大工
在船使者	管船直庫	
（才府・官舎）		
火長（船頭）		

ところで長きに亘る貿易時代において、いったい何隻の船が中国へ渡ったのか、琉球王朝時代の貿易関係資料を編纂した歴代法案の資料を駆使して苦心の末、試算した人物がいます。赤嶺誠紀氏という方ですが、その著書「大航海時代の琉球」の中で、同氏は延八百七十二隻になると試算しています。

三、東南アジアからのウコン、胡椒、蘇木で琉球王朝は莫大な利益をあげた

琉球王朝は貿易期間の第一期から第二期にかけて、中国、東南アジア、日本を相手に中継貿易を行い、莫大な利益を挙げました。当時、明朝は和寇による中国船や中国沿岸付近への略奪行為を理由に、日本との貿易を拒否していました。その為に日本の堺の商人や博多の商人などにとっては、中国や東南アジアからの貴重な交易品は、その仲介役である琉球王朝に頼らざるを得ない状況にありました。

一方、中国の明朝も、日本からの交易品や東南アジアからの交易品は貴重な存在として喜ばれました。特に東南アジアからの胡椒や蘇木などは珍重されました。その辺の事情を巧みに利用して、当時、琉球王朝は、

琉球からは硫黄、馬、織物、貝殻等を調達し、日本からは刀剣、屛風、扇子等を仕入れ、東南アジアからは胡椒、蘇木、ウコン、錫等を仕入れ、中国へ持ち込みました。一方中国からは、絹織物、陶磁器、銅銭、暦などを仕入れ、日本への交易品として取り扱いました。

中国や東南アジアへは、旧の九月から十一月にかけて、北東の季節風を利用して出発、中国の福建省まで順風でだいたい七日間の日数を要しました。東南アジア諸国までは、マラッカまでが約四十五日、旧港（パレンバン）までが約五十日の日数を要しました。

東南アジア諸国の主な交易相手国は、シャム、十五世紀初めのジャワ、旧港（パレンバン）、その後のマラッカやスンダ、スマトラ、安南（ベトナム）やパタニでした。

当時、中国や東南アジア諸国、日本との交易品で莫大な利益を挙げたのは、東南アジアから仕入れた胡椒、蘇木（染料の一種）でした。ちなみに蘇木の中国皇帝の買い上げ価格は、一般価格が一斤五百文、琉球王朝からの買い上げ価格は、その二十倍の一斤一万文でした。千文が一貫でしたから、十貫に相当した訳です。蘇木はタイからの輸入品でしたが、二万五千斤輸入された年もあり、それを金額に換算すると、二十五万貫になります。日本での当時の蘇木の一般相場が一斤百文でしたから、その百倍に相当した訳です。いかに琉球王朝が蘇木で莫大な利益を挙げたか、わかります。

それから胡椒の方も蘇木と同様にまさに「金のなる木」でした。胡椒の中国への総輸出量を見た場合、第一尚氏の尚徳王期（一四六一年）から第二尚氏の尚清王期（一五五五年）までの九十四年間に九万九千斤です。年平均に換算すると、約千斤になりますが、そのピークは尚徳王期から第二尚氏始祖尚円王期（一四六一～一四七六年）でした。

ちなみに当時の胡椒の標準価格は、明朝の法律に「一斤三貫、ただし琉球は三十貫」とあります。産地スマトラでの値段は一斤二十文ですから、千五百倍の値段で売れた訳です。ちなみに尚徳王期から尚清王期までの九十四年間に中国への総輸出量九万九千斤を金額に換算すると、二百九十七万貫になります。

第三章　琉球王朝が海外交易国家として栄えた理由

一、久米三十六姓は琉球王朝の海外交易に大きく貢献した

久米三十六姓は、十四世紀の後半察度王の招聘により、航海や貿易実務、外交の専門家集団として渡来しました。当時の琉球には、航海や貿易実務、外交の専門家がいなかった為です。最初に渡来したのは、梁氏、鄭氏、蔡氏、金氏、林氏でした。

久米三十六姓が移り住んだ所が、今の久米町付近です。彼等が今の久米町付近を選んだのは、久茂地川からうっそうと樹木が生い茂った小高い丘や広々とした平地を抱え、波之上一帯を眼下に収め、風景が故郷福

建省の閩江の光景に良く似ていたからです。彼等はそこに独自の集落である久米村を築き、以後琉球王朝の進貢貿易や行政に深く関わるようになったのです。

久米三十六姓は、独自の文化、信仰、風習に基づき久米村を築きましたが、それらの中には琉球の文化や風習にも影響を与えたものが数多くあります。亀甲墓や清明祭、仏壇、ヒンプン、土帝君、ヒノカン、豚肉料理などです。亀甲墓は破風墓とも呼ばれていますが、墓の形が亀の形に似ている事からそのように呼ばれています。

琉球では第二尚氏の途中に至るまで岩窟墓が定着していました。その岩窟墓ですが、現在開発が進められている天久新都心地区で何年か前に岩窟墓である銘苅古墳墓群が発見されて話題を呼んだことがあります。

宅地造成工事中に発見されましたが、那覇市教育委員会の発掘調査によって、かなり古い時代の岩窟墓であることが判明しました。

その岩窟墓ですが、亀甲墓に比べたら、かなり素朴で原初的形態に近い作りになっています。切り立った崖の地形を利用し、その底部の岩盤を刳り貫いて作ったものですが、亀甲墓に比べたら規模も小さいのがほとんどです。

亀甲墓は十八世紀に入ってから士族階級や町人・百姓階級の一部を中心に普及するようになりました。それから清明祭も久米三十六姓の影響で十八世紀に入ってから普及するようになりました。久米三十六姓は、祖先崇拝を行っていて、春先にはお墓へお参りに行く行事（清明祭）を行っていました。

その清明祭ですが、現在でも継承されていますが、四月から五月にかけて家族や親戚打ち揃ってお墓参りを行い、重箱に詰めた魚やお肉類などを先祖の墓前へお供えし、親睦を深める光景は、季節の風物詩として定着しています。

それから古き良き時代の琉球の赤瓦屋根の家や茅葺き屋根の家の門正面に、屋敷囲いとして一枚岩のように作ってあるヒンプンも、久米三十六姓の影響で普及するようになったものです。

このように久米三十六姓が琉球の文化や風習に与えた影響は絶大です。この久米三十六姓の渡来によって、進貢貿易が本格化するようになりましたが、当初の頃は船頭や舟子（水夫）に至るまで久米三十六姓で占めていたことは、前述した通りです。船頭の中には、長年進貢船の船乗りとして活躍し、年を取って故郷へ帰る者もいました。

その中に尚巴志の時代に、潘仲孫という福建省出身の船頭で、王府を通じ中国皇帝へ帰郷願いの文書を出している者もいます。

琉球国中山王尚巴志、還郷の為の事。

近ごろ火長の潘仲孫の告ぐるところに拠れば、称すらく、年が八十一歳になりし、と。原々福建福州府長楽県の十八都の民に係る。洪武二十三年に於いて、欽んで梢水に報じ、年を逓りて船に賀し、進貢の為に往来す。永楽三年に至りて、火長の身役を受くるを蒙り、今に徑る。年を老い、船隻を賀使するにも力なく、原籍に回りて往生せんことを欲し、告げて施行せられんことを乞う。此れを得て参照したるに、本人は是れ欲報の人数に係り、まさに船に附して前んで去らしめん。理合に移咨するに、煩わしくも就ち行属して郷へ回らしめ、往生せしむれば便益あらん。咨をして施行するを請い。須らく咨者に至るべし。右咨す。礼部へ。

宣徳六年九月六日

「琉球国中山王尚巴志より、帰郷の件について　―近ごろ潘仲孫が申すところによりますと、年も八十一歳に達したそうでございます。もともとこの潘仲孫は、福建省福州府長楽県の十八都の住民でありましたが、洪武二十三年に梢水（水梢＝水夫）に身を投じて以来、毎年船に乗り、進貢の為に福州と琉球との間を往復してまいりました。永楽三年には、火長の職を拝受し、それ以来今日に及んでおります。しかし寄る年波には勝てず、船を操作するにも、昔のような体力も気力もなくなってしまい、そろそろ生まれ故郷に帰って安らかな老後を送りたいと、こう申すのでございます。

この願い出を聞きますと、ここはやはり本人の望む通りに、故郷に帰ってもらい、安らかな暮らしをさせた方が本人の為にも得策かと考え、ここに咨文を送りますれば、ご面倒ではございましょうが、どうかよろしくお取り計らいくだされんことをお願い申し上げ、まずは咨文にて失礼致します」

中国皇帝へ出した文書の内容は以上のようになっていますが、当時潘仲孫のように長年進貢船の船頭として活躍し、故郷へ帰った人物もいた訳です。

その他に久米三十六姓の中からは、進貢船貿易以外に、王府行政に深く関わった人物もいました。察度王の時代に国相として活躍した程復もその一人でした。程復は察度王に四十年余りの長きに亘って仕え、長使も兼ねていましたが、察度王統の繁栄に貢献しました。その程復が年をとり、第一尚氏の始祖尚思紹の時代に明朝の皇帝成祖から程復の帰郷を要請した文書が残されていますので、ここで紹介しておきましょう。

「尚思紹王六年、王茂は国相に附し、長使の事を兼ねしめ、並に程復は郷に返さんことを請う。王、使を遣わして元旦を表賀す。時に疏を具して言う。長使王茂は、輔翼すること年あり、請う王茂を附して国相と為し、長使の事を兼ねしめ、且つ長使程復は饒州の人なり、臣が祖察度を輔くること四十余年、勤誠解らず、今年八十有一なり、命を請うて仕を致し、其郷に環さんことを。成祖、悉く之を許す。」（この読み下し文は、桑江支英訳注「球陽」より引用したものです）

この文書は、明朝の皇帝成祖が、年取った程復を故郷福建省への帰還を認める事、及び程復の後任に王茂を国相の位に就任させ、長使を兼務させる事を、第一尚氏の始祖尚思紹に要請した文書です。

察度王に仕えた程復以外にも、第一尚氏五代に渡って、国相として活躍した懐機という人物がいます。懐機は、龍潭池や安国山庭園（沖縄戦の時の第三十二軍司令部壕付近の公園）を作ったことで有名な人物です。風水の専門家としても知られており、ちなみに三山を統一した尚巴志が首里城を築城した時、その陣頭指揮をしたのも懐機です。

二、歴代琉球王朝は海外交易に力を入れた

英祖王統の後を継いだのが、察度王統ですが、察度王の治世の時前述しましたように、中国との進貢貿易を行っており、言わば交易期間の草創期に当たる訳です。

ところで、英祖王統ですが、その始祖である英祖王については、今でも浦添城跡北側の崖下に墓陵が残されており、しかも治世の名君と言う

ことで、おもろにも太陽の子（ティーダヌクァ）としてもてはやされた歌がいくつか残されており、そのティーダヌクァが変形し、てだことなり、現在の浦添市のシンボルにもなっていますので、ここで紹介しておきましょう。

英祖が王位に就く以前、既に「伊祖のいくさむい」と言われ、その人望は近隣中に鳴り響いていました。その当時は、琉球全土を初めて統一したとされる舜天王統第三代目の王義本王の治世下にありましたが、疫病の蔓延や飢饉、その他の自然災害などで国中が乱れていました。義本王はそのような世の乱れに心を痛め「これは自分に徳がないからだ」と考えるようになり、「自分に代わりこの乱れた世を治めてくれる人物はいないものか」と心中密かに抱くようになりました。

そんな折、その義本王の耳に英祖の人望が伝わるようになりました。

早速義本王は英祖に使いをやり、王城での拝謁を行うことにしました。

英祖と会った義本王は、一目見て英祖の人柄を気に入り、世の乱れなどいろいろと話し込んでいるうちに「英祖になら安心して国を任せられる」と内心思うようになり「私に代わって王位について欲しい」と熱心に頼み込みました。

しかし若い英祖は「私はそのような器ではありません」と固辞しましたので、やむなく義本王は、英祖を摂政として起用することにしました。

以後英祖は、摂政として国務を司るようになり、飢饉対策や疲弊した財政立て直し策などを講じることにより、数年を経ずして疲弊しきった世の中を治めることに成功しました。英祖が摂政の位に就くこと十一年。平穏な治世が到来したのを機に、義本王は王位を英祖に禅譲することを決意し、英祖にその旨を告げました。しかし英祖は再びそれを固辞しましたので、義本王はやむなく隠遁の道を自ら選択する決意を固め、国頭村辺戸に閉居してしまいました。義本王の突然のこの出来事に、英祖は困惑し、悲嘆に暮れましたが、家臣や人民の「王位に就いてほしい」という強い要請を受け、ついに王位に就くことを決意しました。

そして誕生したのが英祖王統です。在位四十年。その英祖の治世は、善政を敷いたことで後世にまで語り伝えられており、いまに至るまで浦添城跡北側の崖下にあるその墓陵「浦添ゆうどれ」は、参拝者が絶えない程、慕われています。その英祖王の実像については、第五章三で詳述したいと思います。

その英祖王統の後を継いで誕生したのが察度王統ですが、察度王統の時から、琉球王朝は中国との進貢貿易を本格的に開始するようになったのです。

察度王統の後を受けて、中国貿易及び南蛮貿易に力を注ぐようになったのが、第一尚氏始祖の尚思紹です。当時、琉球は三山分裂時代で、南山と中山、北山がそれぞれ独立して中国との進貢貿易を行っていました。特に中山王だった尚思紹は、前述した第一尚氏国相の懐機の仲介で、中国との進貢貿易に力を入れ、三山統一に向けての財力を築きました。シャムとの初めての交易を開始したのも、一四二〇年尚思紹の時です。

その後一四二九年、三山を統一した尚巴志の時代には、明朝の皇帝から支弁冠服も賜っています。

第二尚氏尚真王の時代には、中国や東南アジアに進貢船を多く派遣しています。在位五十年間で、年平均約三隻で、総数で百五十隻になります。中国への官生（中国への留学生）の数が最も多かったのも、この尚真王の時です。

三、歴代琉球王朝は海外交易を可能ならしめる王府組織を構築した

歴代琉球王朝は、中国との進貢貿易を可能ならしめる緻密な王府行政組織を構築しましたが、特に第二尚氏尚真王の時代に、その全盛期を迎えました。摂政や三司官の制度、その他の役所などの充実を図りました。その王府行政組織の中で、一般的に知られているのが、三司官の制度と鎖之側（さしのそば）の制度ではないかと思います。

三司官は「世あすたべ」と呼ばれ、国王の補佐役として、摂政の位に次いで国政の最高責任者でした。三司官は三人制で、御礼儀式方と呼ばれる式典や外交文書等作成に関わる部門、給地方と呼ばれる租税徴収部門、御物方と呼ばれる貿易等に関わる部門の三つを各自分担して担当していました。

三司官は通常、親雲上（ペーチン）クラスから選ばれましたが、就任と同時に親方の地位を授けられました。歴代三司官を調べてみた場合、後世に名を残した人物を琉球王朝は数多く輩出しています。

その主な人物を紹介すると、まず謝名親方がいます。謝名親方は、剛毅な気風の持ち主でしたが、若い頃は官生や進貢使節として何度か中国へ渡った経験も有しています。謝名親方が三司官の位に就いた時は、折しも薩摩の琉球侵略前夜で激動の時期でした。琉球の貿易利権を狙う薩摩の執拗な政治的軋轢の前で、王府行政は大きく揺らぎ、その前途に薩摩の侵略という暗い影が大きく拡がり始めていました。

その当時、薩摩の度重なる無理難題への対処を巡って、王府内でも意見が紛糾していましたが、その中にあって謝名親方は「薩摩の要求は、力を背景に理を無視した威圧行為であり、それに断じて屈すべきではない」と強硬意見を唱えました。

結果的に王府内も「琉球王国の信義を貫き、名誉を守るべきだ」という武断派の意見が大勢を占め、歴史の潮流は薩摩との武力衝突という方向へ突き進んで行く事になったのです。

一六〇九年、薩摩は総勢三千人余りの軍勢で以て琉球に攻め入って来ました。

その時、謝名親方は首里・那覇の兵三千人余りを率い、果敢に防戦しました。しかし、戦の運は王府軍に利がなく、矢折れ刀尽き、ついに時の国王尚寧王は降伏という汚名を受け入れる事を無念な思いで選択しました。

薩摩による琉球侵略後、謝名親方は囚われの身となり、尚寧王に従い鹿児島に赴かざるを得なくなりました。薩摩は尚寧王に対し、薩摩に恭順の意を示す起請文を迫りましたが、謝名親方はそれを断固拒否しました。そのために薩摩は処刑を言い渡しましたが、謝名親方はそれを従容として受け入れ、最後まで琉球王国の信義を貫き、一六一一年ついに処刑場の露と消えたのです。

次に治世の名政治家と言われている蔡温が挙げられると思います。蔡温は十八世紀前半に活躍した人物ですが、治山治水事業や経済・農業分野で多大な実績を残しています。

現在、久米島空港から具志川村の繁華街へ向かう通りの途中に見かけられる松林及び本島の今帰仁村旧馬場跡の松林は、蔡温の治世の時に植林されたものです。蔡温が三司官に就任した頃は、薩摩の支配下での財政難や人口増加などで、無役の士族階級が増大して社会問題になっていましたが、その対策の為に蔡温は無役の士族達に商工業を奨励しました。

その他に農民に農務帳を公布して、農耕上守るべき条項を徹底させ、農業生産の向上に貢献しました。それから、沖縄で最初の体系的な歴史書『中山世鑑』を編纂した向象賢（羽地朝秀）が挙げられるのではないかと思います。その向象賢が編纂した『中山世鑑』の中で、琉球初代の王統だといわれている舜天王統ですが、源為朝の子尊敦によって築かれたと記されています。

源為朝は源氏の武将として、日本歴史でも名高い人物の一人ですが、その為朝が、父の源為義に従い平家討伐の兵を挙げたが敗れ、八丈島に流された折、琉球に赴き、地元の大里按司の妹と恋仲になり、二人の間に生まれたのが尊敦だとされています。

その尊敦は、成人した後、人々におされ琉球初代の王統舜天王統を築いたと語り伝えられています。このような舜天王統誕生の背景にある源為朝伝説については、第五章四で詳述したいと思います。

向象賢が三司官に就任した頃は、薩摩の琉球侵略などで王府財政が逼迫していましたが、その立て直しに向象賢は力を注ぎ、質素倹約や農地の開墾奨励などで多大な業績を残しています。

その三司官の制度と並んで、重要な役職の一つに鎖之側の役職があります。鎖之側とは御物城を管理する長官のことをさしています。御物城は、現在の那覇港湾内の小島に琉球王朝時代は設置されていましたが、主に貿易品の管理を行っていました。鎖之側の主な職掌は、貿易品の管理以外には外交及び官房であり、現在の通産大臣のような役職でした。南蛮貿易が盛んだった十五世紀の頃には、那覇港はシャムの船などもやって来たこともあり、往昔は大変な賑わいをみせていました。

四、歴代琉球王朝は海外交易を担う人材育成に力を入れた

約五百年間の長きに亘る交易期間を通じ、歴代琉球王朝は海外交易を担う人材育成に力を入れましたが、その代表的な制度として官生制度が挙げられますが、その始まりは一三九二年察度王の治世の頃にさかのぼります。

以後、歴代琉球王朝は、中国の学問及び文化を修得させる為に官生を派遣しています。一三九二年、察度王による王侯貴族の子弟四人を明朝へ派遣したのを皮切りに、琉球王朝最後の国王尚泰王までの約五百年間に、派遣回数二十九回、官生の数約百人にのぼっています。その官生制度を制度の変遷等により時代区分すると、次の四つの期に区分できます。

第一期…察度王から第一尚氏尚思紹の時までの約七十年間。この時

首里城は、三山を統一した尚巴志によって築城されましたが、
2000年12月、世界遺産にも登録されました。

琉球王朝時代の栄華の面影をとどめる復元された首里城正殿。

期は王侯貴族の子弟による官生派遣になっています。

第二期…第二尚氏尚真王の時から尚永王の時までの約百十年。

第三期…尚貞王の時から尚穆王の時まで約百二十年。

第四期…尚温の時から尚泰王までの約八十年。

官生達は儒学や歴史学などを学ぶ為に中国に派遣されましたが、福建省に到着すると、琉球館に入り、国士館（大学）で学問に専念する事になりました。修養期間は一般的に三年~四年でした。

主な修養科目は、経書や史学、古文や詩文などでした。彼等の主な日課をみると、朝早く起床し、沐浴し、国士館で経書や近思録を中心にした講義を受け、夜は経数カ条や詩文などを吟誦しました。

彼等の食事や寝具は、中国皇帝から支給され、毎年夏と冬には衣服も支給されました。彼等の従者にも身の回り品などが支給されました。

官生達は青雲の志を抱き日夜勉学に励みましたが、しかし中には志半ばで事故死したり、病に倒れたり、船の難破により無念な生涯を終えた者達もいました。その中の一人に一六八六年、尚貞王の時官生として派遣された鄭乗均がいます。彼は他の官生三名と一緒に初めて清朝へ官生として派遣されましたが、途中嵐に船が遭難し、倒れたマットの下敷きになって負傷し、宮古島に漂着後無念な思いで生涯を閉じました。

この鄭乗均のように、志を果たせず虚しく生涯を終えた者は、他にも多数いました。第四期の官生達だけでも、総勢二十七人中、事故死一人、病死七人にのぼります。その数は約三割にもなります。

その官生制度以外には、久米村に設置された教育機関明倫堂と尚温王の時、創設された国学（大学）と平等学校があります。明倫堂は一七一八年、儒学の奥義を記した六諭衍義を著した程順則（後の名護親方）の

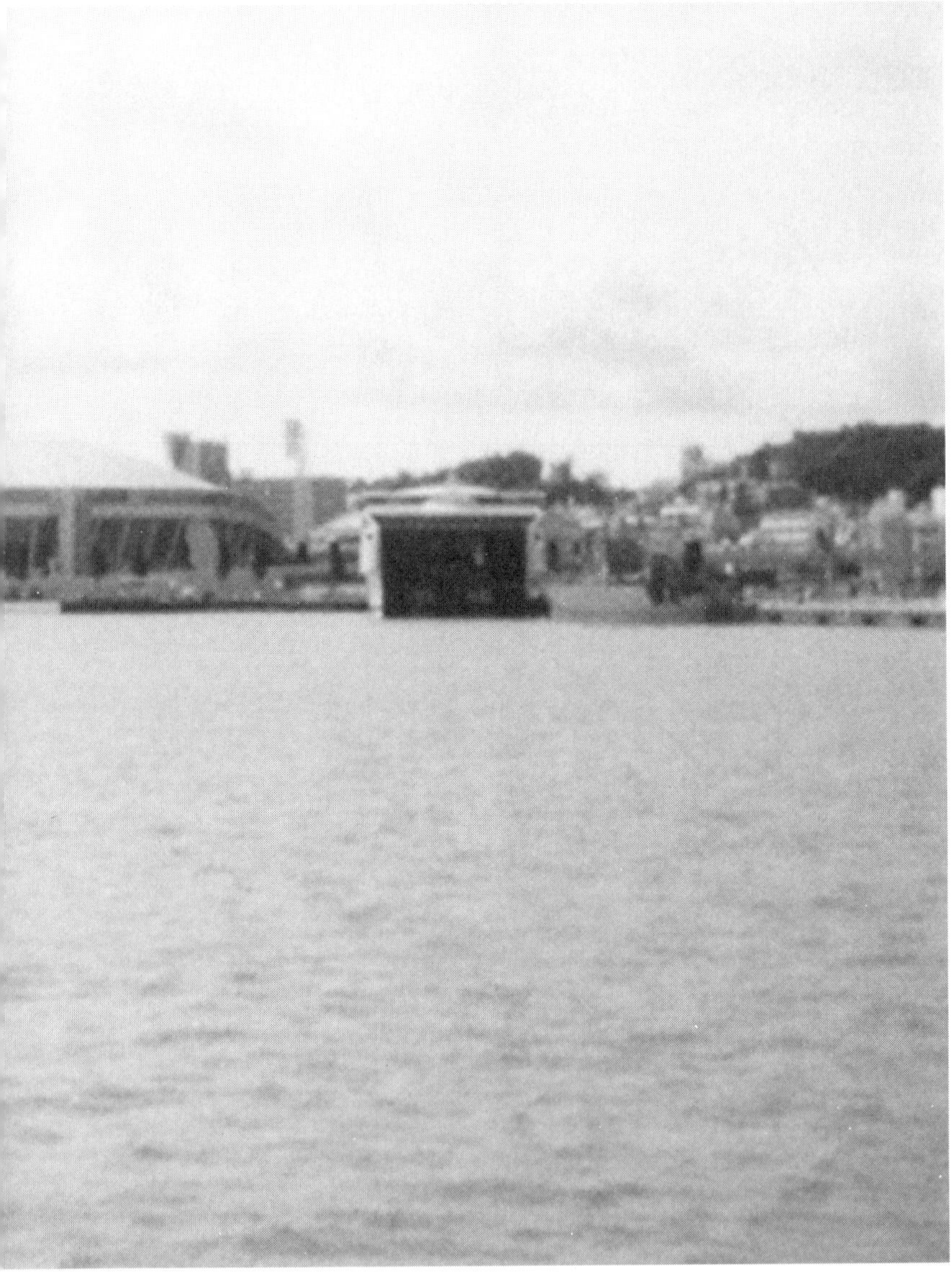

歴史の荒波に抗うがごとく浮かんでいるその孤高な佇まいは、
海外貿易で栄えた琉球王朝時代の面影を私達に偲ばせてくれます。

那覇軍港内の一角にひっそりと浮かんでいる小島の御物城跡。

発案により創設されました。

その明倫堂が創設されたいきさつについては、程順則と蔡温との逸話があります。若い頃から何度か中国に留学し、儒学の奥義を極めてきた程順則は、儒学を一部の者のみの占有にするのではなく、広く一般の人々にも普及させるべきだとして、その為には王府による教育機関設置が必要だと三司官に意見を上奏しました。

しかし、時の三司官は、財政難を理由に当初程順則の意見を却下しました。しかし、程順則の熱意に心を打たれた三司官の一人蔡温は、後日程順則の自宅を訪問し、程順則が三司官に説いた教育機関について詳しく聞きました。

二人は時の経つのも忘れ長い間話し込みましたが、蔡温は程順則と話をしている中に、「儒学を公のものとして一般の人々にも普及させたい」

という心情に感激し、教育機関設置に尽力することを約束しました。

そして一七一八年、儒学の教育機関明倫堂が誕生したのです。次に国学の制度ですが、琉球王朝における王府の最高学府として、尚温王の時創設されました。国学では高等教育がなされ、その国学を卒業した者の中から官吏が任命されました。

それから当時、国学と並んで各地に設置されたのが、平等学校です。平等学校は首里、那覇を中心に十何カ所か設立されましたが、町人や百姓の子弟などを対象に公教育が行われました。

第四章　久米三十六姓は王府の貿易及び行政に深く関わった

一、久米三十六姓は客家である

客家《はっか》とは、中国の特定集団のことをさしています。客家は約二千年前、中国の前漢の滅亡によって中原（黄河流域付近）を追われた漢王室ゆかりの特定集団で、華南地方へ移り住んだのがその起源です。

以後、客家は、中国の歴代王朝へ仕え、活躍した人物が多く、南宋の時、客家はその最盛期を迎えました。最近における世界の指導者の中にも、客家出身が意外と数多くいます。例えば、中国の前指導者鄧小平、シンガポールの建国者のリー・クアンユー、台湾の李登輝元総統、フィリピンのアキノ元大統領などがそうです。その他に歴史上の人物としては、陽明学の創始者王陽明、中国革命の父といわれた孫文などが挙げられます。

客家は前述した通り、約二千年前、前漢の滅亡によって中原を追われた漢民族の集団ですが、その末裔達は代々華南地方を中心に集団で生活してきました。ちなみに福建省にも客家は数多く住んでいます。

ところで、世界を代表する商売上手な民族といえば、ユダヤ民族と東南アジア一帯を中心に活躍している華僑ですが、その華僑のうち約六百万人が客家出身です。

その客家ですが、独自の言語、宗教、風習を持っているのが、大きな特徴の一つです。中国には北京語、上海語、広東語、華南語（福建語）、客家語の五種類の言語がありますが、客家語は華北語に近いと言われています。

また客家は道教や天妃信仰、媽祖《まそ》信仰をその精神的支柱にしています。天妃信仰と媽祖信仰は共に航海安全などを目的にした海神信仰で、天妃が女性神、媽祖が男性神です。

それから客家は、墓の行事を大事にして、春先には家族又は親戚一緒にお墓参りをするのが習慣になっています。

それ以外には、風水《フンシー》を大事にするのも客家の特徴の一つです。風水は地相学とも呼ばれ、自然の地形（山や川、池など）及び要素（樹木、石）を利用して、竜脈（自然エネルギー）の多寡によって運勢の向上や健康の増進を図る目的で編み出された学問です。

中国の歴代王朝では、風水は重視され政治制度の中に組み込まれ、学問的にも発展を遂げ、他の国々にも多大な影響を与えています。

客家は客家円楼と呼ばれる独自の建物を作り、代々同一姓で集落を形成してきました。閑散とした山奥の地にそれぞれの姓ごとに円楼を築き、長い歳月に亘り住み着いてきました。円楼の大きさは直径六十メートル、高さ十二メートル、厚さ一メートルですが、山賊や土匪（地元の盗賊）から身を守る為の城砦の役割も果たしていました。

長老を中心とした原始共和制を営んでおり、共有財産制度を基本にしていました。主な換金作物は茶や葉タバコでした。中国の歴代王朝の官吏は科挙（国家公務員試験）に合格した者を中心に採用していましたが、ちなみに客家出身者の中からは、科挙合格者が数多く出ています。

ところで南宋建国の時、宰相として活躍した梁克も客家出身者であり、察度王の時、その招聘により琉球に渡来した久米三十六姓の中の梁氏は、その末裔に当たります。

その久米三十六姓ですが、主に福建省から琉球に渡来して来ていますが、そのルーツは客家です。何故久米三十六姓が客家かというと、客家の信仰及び風習と社会生活様式が、久米三十六姓の信仰及び風習と社会生活様式が非常に類似しているからです。

先ず第一に、客家は天妃信仰、媽祖信仰を持っています。久米三十六姓の場合も、久米村に上天妃宮及び下天妃宮を作り、天妃神及び媽祖神を祭っています。第二に客家は春先に家族又は親戚一緒にお墓参りをする掃墓と言う行事を行います。久米三十六姓の場合も立春の頃清明祭を行います。それから第三に客家は風水を大事にします。久米三十六姓の場合も、風水を大事にし、久米村に風水見（フンシーミ）と呼ばれる風水の専門の職業がありました。第四に客家は、独自の集落を築き、社会生活を営んでいます。久米三十六姓も久米村を築き、歴代琉球王朝の進貢貿易における航海及び貿易、外交の担い手として、王府行政に深く貢献してきました。ちなみに察度王の国相の程復、察度王統最後の国王武寧の国相の王茂、第一尚氏五代の国王に国相として活躍した懐機も客家でした。

二、久米三十六姓は、航海、貿易実務、外交文書作成の担い手だった

察度王が一三七二年、中国との進貢貿易を開始して以来、貿易期間の第二期の途中までは、航海に従事する火長（船頭）や舟子（水夫）、船大

工も当初の頃は、久米三十六姓が行っていました。火長や舟子、船大工は、福建省出身の者がほとんど占めていました。当時の福建省は、中国における造船地の中心の一つでした。

貿易実務を担当する通事や船荷を管理する管船直庫、使節の長使（副使）も、久米三十六姓が担っていました。当時、通事には在留在船通事と在留通事の二種類の職がありましたが、在留在船通事は通訳と貿易実務を担当しました。在留通事は、福建省にあった琉球館の最高責任者でした。

それから正使である正義太夫は、長使と共に福建省から北京までの陸路の旅を経て、中国皇帝と会見し、外交文書の奏上や宮廷儀式などに参加しました。余談になりますが、薩摩の琉球侵略の際、薩摩側に最後まで抵抗し刑場の露と消えた謝名親方なども、正義太夫として中国皇帝と拝謁したことがあります。

船籍のパスポートである執照文は、次のような形式になっており、その作成は久米三十六姓が担当しました。

①使船の目的（明朝への場合「進貢のため」他の国へは「進貢準備のため」）

②正使、通事、船舶の名、貨物の品目と数量

③勘合番号

④「沿海の巡視官軍はすみやかに取り調べ旅行せしめ、もたもたと引きとめないように」

⑤正義太夫または長使氏名（明朝以外の国に対しては正使氏名）使者（明朝以外の国に対しては副使氏名）、通事氏名、在留在船通事（交易通事）氏名、

火長（船頭・航海長）氏名、
管船直庫（船荷の管理者）氏名、
船乗組員数
＊（海の歴史参照）

三、時代のうねりの中で久米村も変遷を余儀なくされた

久米村が最も栄えたのは、三山分裂時代に始まり、南蛮貿易が始まった十五世紀前半から尚真王期（十六世紀前半）にかけてでした。ところが十六世紀の半ば近くから顕著化した南蛮貿易の変遷及び一六〇九年の薩摩の琉球侵略によって、久米村は衰退を余儀なくされました。

十六世紀後半から十七世紀前半にかけての久米村の人口は、久米村日誌に「大明末頃は久米村人数衰微し、老若者僅三十人程罷成り…」と記されています。

南蛮貿易の衰退化により、航海指南役、貿易実務、外交文書作成などの職能を発揮することが出来ず、同時に一六〇九年の薩摩の琉球侵略が明朝との貿易を一時中断させたこともあって、久米村は衰退を余儀なくされました。

そして久米村は、僅かに蔡、鄭、林、梁、金の五家だけとなり、荒廃化してしまったのです。

しかし、十七世紀の半ば近くから対明貿易の復活を図りたいという薩摩の願いもあって、久米村を再生させる為の三つの政策が推進されるようになりました。その第一が職能集団としての身分保証制度の推進です。

それは進貢・冊封職能の占有化を、特権として認めたことです。第二が久米村の人口増大施策を推進したことです。首里・那覇士（首里や那覇の士族階級）からの久米村への編入を図りました。それに中国からの漂流者二人（陣華、楊明州）を久米村に帰化させました。

その久米村への編入を行う際には二つの条件がありましたが、それは華語が話せること、航海指南を身につけているということでした。

それから第三が久米村に対して経済的恩典を与えたことです。小和部、秀才、通事、黄冠の位階に応じ俸禄を行いました。以上三つの政策推進により、久米村の人口は十七世紀後半飛躍的に増大しました。

四、久米村から王府行政に深く関わった人材が多数出た

久米村からは、薩摩の琉球侵略前後に三司官の重職についていた謝名親方、政治家として多大な業績を挙げた蔡温、儒学の書として江戸幕府に影響を与えた「六諭衍義」を著した程順則、「中山世譜」の歴史書を編纂した蔡澤など、王府行政に深く関わった人物が多数出ています。

蔡温は若い頃、在留役として福建省に滞在していた時、王府の命により地理学を学んだこともあります。「六諭衍義」を著した程順則は、江戸上りをしたことがありますが、その時、幕府の御用学者の地位にあった新井白石と出会い「六諭衍義」を紹介しています。「六諭衍義」の内容に感激した白石は、幕府の老中に働きかけ、幕府の御用学として正式に取り入れる事を認めさせました。

蔡澤が編纂した「中山世譜」は、向象賢（羽地朝秀）が編纂した琉球で初めての体系的歴史書「中山世鑑」の誤りを正し、後世の歴史研究家にも多大な影響を与えています。

第五章　歴代琉球王朝成立の背景と海外交易の変遷

一、謎の天孫氏王朝は実在した

玉城村百名にアマミキヨ伝説があり、アマミキヨが百名海岸に上陸し、仲村渠部落のミントン城を築き、後に玉城城を築いて琉球全土を統一し、天孫氏王朝を築いた事は前述しました。

ところで、その天孫氏王朝の実在を巡っては、現在、研究家の間でも議論されていますが、未だその実在については謎の部分が多いとされています。しかし舜天王統に先立つ王統として存在したことは、現存している遺跡や古文書研究などからして、間違いないのではないかと思います。

その実在の根拠については、まず第一に巨石文明が挙げられます。世界の歴史を振り返ってみた場合、エジプト文明やユーフラテス文明、インダス文明、黄河文明の四大文明が有史時代の起源だとされており、それ以前は先史時代として位置づけられています。しかし最近における考古学上の成果から、四大文明以前にも高度文明が栄えていたのではないかという議論が沸騰してきています。その最大の根拠の一つが、巨石文明の存在です。

南米のペルーにはインカ文明の遺跡がありますが、石で造った巨大な神殿や宮殿跡などは、約五千年以上も前のものではないかと現在推測されています。インカ文明については、巨大な神殿や宮殿が、遺跡近くに岩山がないにも関わらず、石を精巧に組み合わせて造っていることから、遠方から遺跡が存在している山中までどのように運んできたのか、また遺跡から発見された人骨の中に頭蓋骨に脳外科手術を施した形跡が残されていて現在の医学的常識（脳外科手術が医学分野で脚光を浴びるようになってきたのは、戦後になってからのことである）では信じ難い面もある事などから、かなりの謎の部分が多いと、現在言われています。

またその他に不可思議な遺跡として、ナスカの地上絵があります。それは地上からは見ることができず、上空からかなり広範囲に亘って視野に入れることができますが、その複雑に入り組んだ絵模様は、滑走路跡ではないかと言われています。いったい当時、どのような技術でもって、巨大な滑走路の図を描いたのか、現在謎とされています。いずれにしても当時、山中まで石を運び精巧に加工する高度な運搬技術や石切り技術が存在した事、不可思議な地上絵を描けるだけの工芸技術が発達していた事が窺えます。

その城門は、巨石文明の名残を偲ばせるにふさわしい偉容さを誇っています。

アマミキヨが築いた玉城城。琉球石灰岩を刳り抜いて造ったと思われる

アンデスの山中奥深く、切り立った崖状の地形にすっぽりと包まれるような形で、ひっそりときらびやかで精巧な石の造形美群として横たわっているインカ遺跡ですが、それは石の文明だとも言われています。

エジプト文明においても、ピラミッドに象徴されるような謎の部分があります。ピラミッドは、古代エジプト王朝の王（ファラオと呼ばれていた）の墳墓とされていますが、巨岩を精巧に組み合わせて築いたピラミッドは、その規模からして、現在の粋を極めた建築技術をもってしても約二十年の歳月を要すると言われています。

特にそのピラミッドの中でも、歴史研究家の中でも謎とされているのが、クフ王のピラミッドです。幾何学的に見た場合、クフ王ピラミッドは、高さと底辺の比が三・一四一五（円周率）になると言われています。また、その高さが、地球と月との距離の一億分の一になると言われています。紀元前三千年頃のエジプトにおいて、このようなクフ王ピラミッドが建立された事は、当時かなり高度な文明が存在した事を物語っています。

それからイギリスにストーンヘンジと呼ばれる巨石を組み合わせた構築物が残されていますが、かなり古い時代の物だと推測されていますが、不思議な事に太陽の角度により生じる陰の部分により季節や時刻がわかるようになっています。今のところ、いつ誰が造ったのか判明せず、謎の遺跡と言われています。

ところで、このような高度文明を裏付けするような巨石文明ですが、アマミキヨが築いたとされる天孫子の遺跡にも見られます。琉球全土を統一したアマミキヨの居城だった玉城城がそれです。玉城村仲村渠部落から西方にゆるやかに横たわっている丘陵地帯の道を約十分程行った所に玉城城があります。城の周辺には、梯梧やガジュマル、ブーゲンビレアなどの樹木がうっそうと生い茂る雑木林が拡がっており、古代の聖地特有の荘厳さと閑静な佇まいに包まれています。

城は琉球石灰岩の地形を利用して築いたものですが、沿道から二十～三十m左側に折れた道を行った所に、城内に向かう一本道の細い急な坂道が続いていますが、そこを程なく行った所に巨大な琉球石灰岩を組み合わせて造った城門が見えます。

その城門はアーチ状になっていますが、一見したところ、巨岩の琉球石灰岩を精巧に組み合わせて築いたものか、それを精巧に刳り貫いて築いたものか、判別できません。しかし、学術調査の結果では、刳り貫いて築いたものではないかとの見方もされています。

もし刳り貫いて築いたものだとしたら、当時かなり高度な建築技術が存在したのではないかと思います。約二千三百年前、このような技術が存在したとしたら、かなり強力な権力を持った支配者層が存在していたのではないかと思います。

第二に琉球における天の思想が挙げられます。天孫子とは、天の孫の子だという意味です。この天に関連したものとして、興味深い事に首里天加那志という言葉があります。首里天加那志とは、琉球国王の名称です。

その他に察度王にまつわる天女伝説があります。――奥間大親は、ある時森川の泉の近くを通りかかった際、美しい女の人が水浴びをしている場面に出くわします。その近くの木には薄い絹状の衣が掛けられています。それは羽衣でした。大親は、その水浴びをしている美しい女の人を一目見て気に入り、やがて親しくなり嫁に迎えました。その二人の間

のせせらぎの音は、私達をしばし幽玄の世界へ誘ってくれます。

察度王統誕生にまつわる羽衣伝説の舞台となった森川の泉、泉内

に生まれた子が、後の察度王です。――これが天女伝説のあらましですが、ここに出てくる天とは何を意味するかと言うことですが、単純に天と解する見方もありますが、もう一つ「高貴な世界」と解する事もできるのではないかと思います。

日本の歴史を振り返った場合でも、日本神話の中に天孫降臨がありまます。日本神話では、ニニギノミコトが高千穂の峰に降臨したという事になっています。そしてニニギノミコトの孫のウガヤフキアエズとタマヨリヒメとの間に生まれた神武天皇が、後に東征して日本全土を統一したとされています。

以上挙げたような天の概念ですが、天とは天女伝説の所で記述した「高貴な世界」とする事ができるのではないかと思います。そうしますと、天孫子とは、高貴な世界に住んでいる人の孫という事になりますが、それは外来神を意味するのではないかと思います。

その外来神をより具体的に言えば、海の彼方からやって来た人々、すなわち渡来者を意味するのではないかと思います。

第三に沖縄における屋号のない家の存在が挙げられます。沖縄の南部地区に、通常旧家であれば屋号があるにも関わらず、旧家であっても屋号のない家があります。その屋号のない家が、天孫氏族（アマミキヨ）の末裔ではないかと思います。

第四として、舜天王が王位につくきっかけになったのは、天孫氏二十五代の王を滅ぼした利勇を討伐したからだとの民間伝承が今に至るまで残されている事実が挙げられます。

二、徐福伝説の地は琉球であった

中国全土を統一した秦の始皇帝は、強力な中央集権国家を築いた事で知られていますが、家臣の徐福に不老不死の薬を求めさせています。徐福は家臣百五十人余りを引き連れて蓬莱島（理想郷）へ旅立ったと言う口承があります。

蓬莱島の所在については、本土の方であったとする説と、琉球であったとする説とありますが、当時、琉球は薬草栽培が盛んな地域の一つ（沖縄は亜熱帯気候でさまざまな種類の薬草の栽培が可能）であり、しかも隋の時代及び元の時代に軍勢が差し向けられたのも、徐福が琉球に渡来して、中国側に琉球の存在が広く知られるようになったのがその一因ではなかったかという事から考えれば、琉球が蓬莱島であったからではないかと思われます。

中国側では徐福は、不老不死の薬を捜し当てる事ができず、旅死したと言い伝えられていますが、おそらく琉球の地で生涯を閉じたのではないかと思われます。

三、英祖王の治世時に中国の元が二回来襲した理由

英祖王は、舜天王統最後の国王の義本王（一二四九年～一二五九年）から王位を継承し、一二六〇年英祖王統初代の国王として、在位期間三十九年（一二六〇年～一二九九年）の長きに亘り統治を行い、善政を敷いた人物として後世にまでその名声が語り伝えられています。英祖王の墓陵〝浦添ゆうどれ〟は、浦添城北側の丘陵地帯の中腹部分に横たわっています。墓陵付近からは、浦添市の街並や田園風景を眼下に収める事ができ、今でも英祖王の遺徳を偲び、墓陵を訪れる参詣者の数は絶えませんが、その英祖王の王位に就く以前の境遇については、現在のところ余り知られていません。

天孫氏の末裔（天孫氏王統の子孫）であるという説が以前から根強く

唱えられていますが、琉球伝承歴史研究家の伊敷賢氏は、より詳細に、利勇によって滅ぼされた天孫氏王統二十五代の国王大里思兼松金按司の四男の西原王子の長男で、恵祖之世主（浦添市伊祖一帯を治めていた豪族）とその妻との間に生まれたのが、英祖王であると唱えています。
古謡のおもろで王位に就く前の英祖王をほめ讃えて唄った次の唄からも、元来由緒ある家系であったことを偲ばせてくれるような内容の一端があります。

伊祖の　いくさもい
月の数　遊び立ち
十百度《トモト》　若てだ栄《はや》せ
又意地気《いじへき》　いくさもい
又夏は　神酒《しけち》盛る

又冬は　御酒《おさけ》盛る

「いくさもい」とは、武勇に優れた武将の意味で、「毎月の吉日には神事を（城内で）行い、いつまでも若々しい太陽のように讃えましょう。勇気があって優れたいくさもい様、夏は夏で神酒《みき》を盛って祝い、冬も又冬で酒（神酒）を盛って祝い讃えましょう」という内容の唄になっています。

若い頃から伊祖按司として、文武両道に秀で、人々から慕われていた英祖の人柄が偲ばれ、元来高貴な家系の生まれではないかと人々に連想させてくれるような、謎に満ちた出自のベールを感じさせてくれる内容になっています。

その英祖が義本王から王位継承するに当たっては、九年間摂政の役割を舜天王統にあって立派に務め上げ、その後義本王から、「自分に徳がないから大飢饉と干ばつに見舞われ、国が乱れてしまったから、今後は私に代わって国を治めて欲しい」と懇願され、王位継承をやむなく引き受けたと王府史記（球陽）には記されています。そしてその後義本王は、国頭村辺戸に隠遁し、そこで生涯を閉じたとされています。

現在義本王の墓は、辺戸部落の西側に隣接する山中の中腹あたりに、深い雑木林に囲まれた一角に、ひっそりと佇んでいます。

これは義本王から英祖への〝禅譲革命〟と呼ばれており、その後の英祖王統から察度王統への覇権移行、察度王統から第一尚氏及び第一尚氏から第二尚氏への覇権移行に象徴される〝易姓革命〟と対峙する形で、歴史論議の中で、よく引き合いに出されます。

しかし最近における王統家譜研究の目覚ましい進展により、義本王から英祖への王位継承は〝実のところ禅譲革命ではなく、易姓革命に近いものであった〟とする説が、俄に脚光を浴びてきています。

その概要を紹介すると、王位を英祖に譲った義本王は、各地を転々とした後、中城間切の仲順村で仲順大主に匿われたと、地元の旧家に伝承が残っています。その後、舜天王と舜馬順熙王の墓陵も秘かにそこに移され、現在でもその墓陵と語り伝えられているものが仲順村に残されており、仲順大主の末裔が管理しています。

又、義本王が王位を去った後、義本王の長男の浦添王子や次男の北谷王子、三男今帰仁王子、五男の玉城王子なども行方をくらまし、没落してしまったと言い伝えられています。

国頭村辺戸部落にある義本王の墓も、実は後日、父親の義本王の行方を各地を巡って捜し回っていた長男の浦添王子を奉ったものであるとの伝承も、地元に残されています。

　それから仲順大主（本土からの渡来者だとの伝承も一部あります）に匿われた義本王は、その後沖永良部島に渡り、そこで城を築き、地元の按司として生涯を閉じたとの伝承も、地元では根強く残されています。

　このような様々な伝承に彩られた英祖王ですが、その治績に目を向けてみると、後世の範となるような善政を実に数多く行っております。井田法もその一つです。これは公租制度の一種で、四里四方を九区画に区分し、一区を公租として王府に納め、残り八区を八軒で耕作する制度です。伝説化されている中国の古代国家の舜王朝と夏王朝で行われていた神徳政治を範としたものだと、語り伝えられています。一二六四年には、初めて久米（久米島）・慶良間・伊平屋の島々が入貢し、翌年の一二六五年には、奄美大島も入貢しています。英祖王の治世にこれらの入貢関係を取り扱う場所として、泊に公館・公倉（今の天久山聖現寺付近）も建立しています。

それから一二九〇年代に来琉した禅僧禅鑑を手厚く保護し、浦添城の西側に極楽寺を建立し、禅鑑を住職に就任させています。これが琉球における仏教の始まりだとも言われています。

それから最後になりますが、英祖王の治績として治世晩期に起こった二度にわたる元の来襲は、その治績の最大のものだと言っても過言ではないと思います。

中国で十三世紀後半に勃興した元朝は、鎌倉時代に二回来襲（一二七四年の文永の役、一二八一年の弘安の役）していますが、琉球にも一二九一年と一二九六年の二回来襲したことが、元史に記されています。フビライ（元を築いたチンギスカンの孫）の時には、隋書（隋の歴史書）

以来の流球を瑠求と改め、楊祥に六千人の軍勢を率いさせて、瑠求討伐に向かわせたが、海戦となり上陸を果たせず、討伐を断念して引き上げたということになっています。

一二九六年の成宗の時には、張浩に命じ、未だ従わざる瑠求に再び侵攻したが、琉球側は王の下に一致団結し、徹底抗戦を行って降らず、張浩は百三十人を虜にして引き上げたとなっています。その時の状況については、王府史記では次のように記述されています。

「一二九六年、元ノ成宗、使ヲ遣ハシテ来侵ス。我国降ラザリキ。

福建省ノ平章政事・高與上言ス。瑠求未ダ従ハズ。宜シク兵ヲ発シテ之レヲ襲フベシト。元ノ成宗、省都鎮撫・張浩等ヲ遣ハシ、軍ヲ率イテ国ニ抵ル。時ニ我国臣民、深ク王化ニ淋シ、ミナ身ヲ委ネテ国ヲ愛スルノ心アリ。元兵ノ来侵ヲ見ルヤ、国人力ヲ合セ、拒ミ戦フテ降ラザリキ。張浩計ノ施スベキコトナク、卒ニ一百三十人ヲ擄ニシテ返ル。」

この記述を見る限り、琉球では英祖王の陣頭指揮の下、一致団結して元軍を撃退したことが窺えます。

この元の琉球への二回の来襲の意味を考えた場合、久米島や慶良間、伊平屋、奄美大島の入貢から推量できるように、英祖王の下、国力が充実し、舜天王統以降の中国との民間貿易の活発化を示す証の一つではなかったかと推察されると言えるのではないでしょうか。

四、舜天王統期から英祖王統期にかけて、中国や朝鮮との民間貿易の痕跡が窺われ、その時代的背景には源為朝伝説が深く関わっている

浦添城址から一九九六年、朝鮮の高麗王朝時代（九一八年〜一三九二年）の高麗瓦が発掘されています。出土した高麗瓦には、〃癸酉年《ミズノトトリドシ》高麗瓦《コウライガワラ》匠造《タクミツクル》〃の銘が刻まれており、その製造年代については、与座岳生著作『新琉球王統史―舜天・英祖』では、一一五三年、一二一三年、一二七三年、一三三三年、一三九三年の五つが挙げられています。

この五つの年代のうちどちらが正しいのか考えてみた場合、一二一三年かもしくは一二七三年が歴史的真実に近いのではないかと思います。まず一二一三年と捉えた場合、ちょうど舜天王統を築いた舜天王の治世

高麗瓦が発掘。城址奥側の南側部分には、尚寧王の時代に建立された

浦添城址から1996年、朝鮮の高麗王朝時代（918年～1392年）の
浦添城の碑があります。

に相当します。舜天王は、王府史記では、源為朝の子とされており、若い時の名は尊敦と呼ばれ、成人した後、領民に押されて浦添按司となり、その後天孫氏二十五代の王大里思兼松金按司を滅ぼした逆臣利勇を討伐し、国王の座に就任したと、記されています。

その舜天王の治績として、「始メテ、夏正(六月を基準にした暦)ヲ用ヒ、王城ノ規模ヲ広ム」と王府史記にあり、王城にふさわしい規模に浦添城を築城し、国力が隆盛に向かっていたことを窺わせますが、そのことを重視した場合、舜天王の治世の一二一三年が妥当なような気もします。

また、英祖王の治世の一二九一年と一二九六年に中国の元が二回にわたって琉球に来襲したことを考えた場合、国力が充実し、中国の元が朝貢を求める程、中国側においても琉球の国家としての存在が認識されていた証だとも思えますが、そのことを重視すると英祖王の在位期間中の一二七三年が正しいようにも思えます。

いずれにしても一二一三年かもしくは一二七三年のいずれかが、高麗瓦の製造年代としては、適正ではないかと思います。

上述したような高麗瓦の出土推定年代を、舜天王統期もしくは英祖王統期と捉えた場合、それは当時において琉球が中国や朝鮮と広く民間貿易を行っていたことを物語っているのではないかと思われます。そしてこのような民間貿易を可能にした時代的背景に目を転じた場合、それについては琉球に民間伝承として古くから定着している源為朝伝説が深く関わっているのではないかと思われます。

源為朝伝説の概要は、およそ次に掲げる通りになっています。

――保元の乱（一一五六年）に父源為義（八幡太郎源義家の四男）に従って敗れた源為朝は、八丈島に遠島処分になりますが、その後十四年を経た後、謀反による平家の討伐を受け、三十二歳の若さで自害により波乱に富んだ生涯を閉じています。

琉球における源為朝伝説では、為朝が八丈島への遠島処分期間中に喜界島征伐を行った歴史的事績が残されていますが、その時についでに琉球に渡ったというのがその発端になっています。嵐に遭遇しながらも為朝一行は、無事琉球の運天港に辿り着き、その後無人の地を行くが如く威風堂々として琉球南部の地に辿り着き、此の地で為朝は地元の実力者大里按司の妹と出逢い、妻に迎えます。そして二人の間に生まれたのが、尊敦（後の舜天王）です。

為朝は、その後暫くは妻と子の尊敦と仲睦まじく暮しますが、平家討伐の念はやみ難きものがあり、ついに意を決して牧港から妻子との別れに後ろ髪を引かれる想いをしながら、本土に向けて船出します。為朝を見送った後、暫くの間牧港の地で母と子の尊敦は、父為朝の帰りを待ち侘びたという言い伝えがあります。為朝は二度と二人の前に姿を見せることはありませんでした……。

その後、成人した尊敦は武勇に秀で、人々からの人望もあり、押されて浦添按司となり、二十二歳の時に天孫氏二十五代の王大里思兼松金按司（源為朝に妹を嫁に送った南山の大里按司）を滅ぼした逆臣利勇を討伐し、王位に就き、一一八七年舜天王統を築いたのです。――

このような内容の源為朝伝説の真偽については、長年歴史学者の間で論争の的になっています。源為朝は実際に渡来したという説や、源為朝を名乗る武将が大和から渡来したとする説、又は薩摩が琉球侵攻後編纂された王府史記の『中山世鑑』において、薩摩側が琉球統治を円滑に行う為に、当時民間伝承としてあった源為朝伝説を政治的に利用したとする説が相乱れて論議されていて、その真偽については現在のところ確定していません。

しかし古くから琉球には源為朝伝説が民間伝承として根強く残っており、また為朝ゆかりの遺跡も数多く残されています。その事実を考えた場合、源為朝に縁が深い武将が来琉したのが、事実に近いのではないかという見方が妥当ではないかと思われ、その観点から伝説の内容に符合する人物を探ってみた場合、当時南九州で貿易により財力を築き勢力を誇っていた阿多忠景と、その孫で源為朝の長男でもあった阿多義実が、平家の討伐を受け、没落して喜界島に逃れ、そこを経由して阿多義実が琉球に渡来したのが、源為朝伝説の真相ではないかと思われます。

保元の乱以前に乱暴狼藉がたたって、一一五一年父源為義の怒りを買い、九州地方に左遷されていた源為朝が、南九州地方で勢力を伸ばしていた豪族阿多忠景の娘を妻にめとり、二人の間に生まれた子の阿多義実が、琉球における後年の源為朝伝説の主人公だった訳です。この説に関しては、民族学者の谷川健一氏もその著作『甦る海上の道・日本と琉球』㈱文藝春秋発行）で、阿多忠景の琉球渡来説を唱えていますし、琉球伝承歴史研究家・伊敷賢氏の『琉球伝説の真相――沖縄の伝説に秘められた謎を解く』（琉球書房）で、阿多忠景・阿多義実の琉球渡来説を指摘しています。

次に掲げた図は、源為朝と阿多忠景・阿多義実の関係及び阿多忠景の乱の勃発と乱の終結による没落で、阿多義実の琉球に渡来するまでのいきさつの概要を示したものです。

源為朝の九州追放

一一五一年十三歳の時、父源為義の怒りに触れ、九州の福岡に追放される。

↓

鎮西八郎為朝と名乗り、一一五四年頃阿多忠景の娘を妻にめとる（熊本に本拠地を移す）。

↓

阿多忠景の乱の勃発（一一五四年～一一六五年）

↓

保元の乱勃発（一一五六年）による源為朝の没落（八丈島への遠島処分）と阿多忠景の没落（一一六三年～一一六五年）

↓

平家の平家定の追討を受け、阿多忠景とその孫の阿多義実は、喜界島へ逃亡（一一六五年）し、その後琉球に渡来したものと推測される。

阿多忠景
　｜
源為朝 ―― 娘
　　｜
阿多義実（源為朝の長男）

※阿多忠景は薩摩平氏の傍流で、阿多郡司（国司の補佐役）として薩摩国や大隅地方で勢力を誇っていた。

〈阿多忠景の乱の主な内容〉
中国の宋や南島（主に奄美大島や喜界島）との貿易及び国内取引により築いた財力を背景にした、強引な領地拡大による荘園領主や公家勢力との紛争及び〝為朝与力禁止令〟への造反。

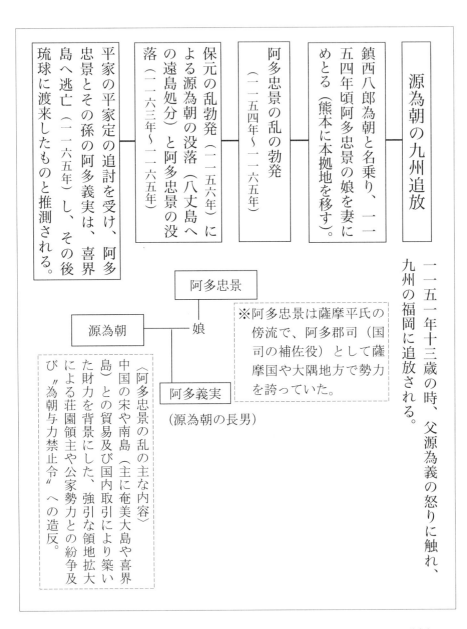

この阿多忠景及び阿多義実の琉球渡来の時期やその方法に関しては、谷川健一氏と伊敷賢氏の説については、いくらか相違が見られます。谷川健一氏は、源為朝が保元の乱（一一五六年）で、父為義を助ける為に京都に上った直後、阿多忠景自身が、源為朝と共に誓い合っていた南島（この場合には琉球をさす）へ貿易進出の先鞭をつける為に、単身で琉球に渡ったと唱えています。

しかしこの説は、阿多忠景自身が阿多郡司となったのは一一三八年であり、当時既に二十歳は過ぎていただろうと思われますし、為朝の子尊敦が二十二歳で王位に就き、舜天王統を築いた年代（一一八七年）を考えると、為朝が仮に遠島処分期間中に琉球に渡ったという推定年代（二十代～三十二歳）と相違があるし、尊敦が王位に就いた年に関しても約十歳相当の隔たりがあり、少し難があるように思われます。

又、伊敷賢氏が指摘している阿多忠景及び阿多義実の琉球渡来説も、源為朝伝説の概要を考えた場合、若き源為朝の存在が強く浮き彫りにされ、阿多忠景の存在が見えてきません。元来阿多忠景は、薩摩平氏の傍流系の四男坊として生まれ育っていますが、生来の才覚を生かし、長男を排斥して一族の惣領の座に就き、その後、中国の宋や南島（主に奄美大島や喜界島）との貿易及び国内取引で財力を築き、強引な領地拡大による荘園武家勢力や公家勢力との紛争及び当時朝廷から発令されていた〝為朝与力禁止令〟に造反して、一一五四年から一一六五年にかけて、阿多忠景の乱を引き起こしています。

このような阿多忠景の生き様から浮かび上がってくるのは、豪気で策謀家で非情な性格です。その阿多忠景が源為朝の子の若き阿多義実と共に琉球に渡来して、何らかの歴史的痕跡も残していないというのは、奇異な感じがします。

それらの事を考察した場合、源為朝伝説の真相に最も近いのは、一一六五年平家の平家定の追討を受け喜界島に逃亡した阿多忠景は、その地かもしくは琉球に渡来する途中生涯を閉じ、孫の阿多義実だけが家臣達と共に琉球に渡来したというのが、歴史的事実に近いのではないかと思います。

このような観点から源為朝伝説を捉え直した場合、その概要はおよそ次に掲げる通りになるのではないでしょうか。

――祖父の阿多忠景の亡骸を葬った後、琉球の北部運天港から家臣達と共に上陸した阿多義実は、その後、勢理客のあけしろ村のノロと恋仲になり、大舜という男子を儲けます。当時、琉球の中心地と言われていた南山に渡り、高嶺を中心に一帯を治めていた大里按司の妹と出逢い、妻に迎えます。

そしてこの二人の間に誕生したのが尊敦（後の舜天王）です。その後阿多義実は〝父為朝を助け平家討伐を行う想いが断ち難く、浦添市港川から断腸の想いで嘆き悲しむ妻と幼い尊敦を残し、大和に向かって旅立って行きました。そして牧港の地で待ち侘びる母と子の前に、阿多義実は二度と姿を見せることはありませんでした……。

やがて十数年の歳月が流れ、母の手で逞しく育てられた尊敦は、武勇に秀で人々の信望も厚かったので、十八歳の若さで浦添按司の座に就きました。その後、天孫氏二十五代の王大里思兼松金按司（阿多義実に妹を嫁に送った大里按司）が、逆臣利勇によって滅ぼされた時、尊敦は義勇軍を募って利勇を討ち、人々に押され王位に就き、舜天王と名乗り舜天王統の礎を築いたのです。――

このような源為朝伝説の実相を背景に、舜天王の治世はその後永きに亘って続きました。

前述した浦添城址から発掘された高麗瓦の出土年代の一つとして有力視されている一二一三年は、舜天王の治世（一一八七年〜一二三七年）です。もし前述した高麗瓦の出土年代として、一二一三年が正しいとしたら、舜天王の在位期間中、朝鮮の高麗王朝との民間貿易が既に行われていて、その貿易によりこの高麗瓦は持ち込まれたものではないかと考えるのが妥当ではないでしょうか。

もし高麗王朝との民間貿易が舜天王の在位期間中に行われていたとすれば、それを可能にしたものは、阿多一族の海外貿易能力が、阿多義実と家臣達を通じて琉球に伝えられ、それが後に舜天王統に承継されて、海外貿易能力を蓄積できたからではないかと思います。

又、仮に前述した高麗瓦の出土年代が一二一三年ではなく、英祖王の在位期間中（一二六〇年〜一二九九年）の一二七三年が正しいとすれば、それは舜天王統期に行われていた海外民間貿易が英祖王統に引き継がれて一層活発化するようになり、それが後の元の琉球に対する朝貢要請に繋がり、それを拒否したことにより二度の元軍来襲を引き起こしたのではないかと思われます。

いずれにしても、舜天王統期から英祖王統期にかけて、中国や朝鮮との民間貿易が行われ、それが後の察度王の明朝との朝貢貿易開始の大きな一因に繋がったものと思われ、その時代的背景を形成したものとして、舜天王統誕生の背景にある源為朝伝説が深く絡み合っていたのではないかと思います。

五、察度王が一三七二年、中国の明朝と初めて進貢貿易が出来た理由

一三七二年、察度王の治世に明朝を築いた高祖の朝貢要請に応じ、進貢貿易を開始したのは、既に序文で述べたように周知の事実ですが、その察度王の生い立ちに関しては、王府史記では次のように記されています。

――「奥間大親ハ、何人ノ後裔ナルヲ知ラザルナリ。常ニ農ヲ以テ業トナス。家貧ニシテ娶ルコト能ハズ。一日田ヲ耕シ帰テ森川ニ至リ、手足ヲ洗フトキ、一婦女ヲ見ル。泉ニ臨シテ沐浴シ、容色絶倫ナリ。大親意想ルニ、ワガ村野中、未ダ嘗テ此婦ヲ見ズ。恐ラクハ是レ都中ヨリ来ラン。亦何ゾ独身、此ニ在テ沐浴スルヤ。暗々歩ミ進ンテ、樹蔭ヨリ之レヲ見レバ、ソノ衣枝上ニ懸ク。亦常人ノ衣ニアラズ。大親愈々疑ヒ、

窃力ニ其衣ヲ取テ、荒草内ニ蔵ス。故意ニ其処ニ走リ到レバ、婦女驚慌シテ裳ヲ着ケ、仍ホ衣ヲ穿タント欲セハ、則チ衣アルコトナシ。婦女面ヲ掩フテ哭ス。大親問テ曰ク、夫人何ヨリ来ルヤト。婦女直チニ之レニ告テ曰ク、妾ハ乃チ天女ナリ、下界ニ沐浴ス。今已ニ飛衣盗マレテ、天ニ上ルコト能ハズ。吾ガ為メニ之レヲ尋ネンコトヲ乞フ。大親心ニ悦ビ、之レヲ騙《ダマ》シテ曰ク、夫人暫ラクハ我屋ニ坐セヨ、我往イテ代リ尋ネン。天女喜ビ倶ニ草屋ニ至ル。大親就《スナワ》チ其衣ヲ把テ、深ク倉内ニ蔵ス。日去リ月来リ、十余年ヲ歴テ、一女一男ヲ生ム。ソノ女子稍《ヤヤ》長スルヤ、ソノ蔵衣ノ処ヲ知ル。一日弟ヲ携ヘテ遊ビ、且ツ歌フテ曰ク、母ノ飛衣ハ六柱倉ニアリ、母ノ舞衣ハ八衣倉ニアリト。母之レヲ聞キ大イニ悦ビ、夫ノ亡《ナキ》ヲ窺ヒ、倉ニ登テ之レヲ視レバ、果シテ櫃中ニ蔵シ、稲草ヲ以テ之レヲ掩フ。即チ飛衣ヲ着ケテ上天セリ。大親及ビ女児、ミナ各々面ヲ挙ケテ、天ヲ仰キ声ヲ放ツテ慟哭ス。天女マタ留恋捨テ難ク、再三飛上飛下ス。終ニ清風ニ乗ツテ飛ビ去ル。ソノ男子ハ即チ察度ナリ。」――

これを要約するとおよそ次の通りになります。

――「(察度の父である)奥間大親についてはその出自は明らかではありません。謝名村において長年農業を営んでいました。貧しい生活を送っていた為、妻を娶ることも叶わない状態にありました。ある時いつものとおり畑を一日中耕して帰る途中、森川(謝名村付近にあった湧水処)に立ち寄り手足を洗おうとしている時に、一人の若い女性を見かけました。泉で水浴びをしていましたが、よく見ると目を見張る程の美人でした。大親が内心思ったことには、〝我が村中においてはこのような美女は未だかつて見たことがない。おそらくは都中(浦添城)から訪れた(女官)に違いない。それに又何で一人身でこの森川で水浴びをしているのだろうか？〟相手に気づかれぬ様に忍び足で近くまで歩み進んで、木蔭よりよく見れば、着物が水浴びをしている近くの木の枝に懸けられていましたが、常人が着けるような衣裳ではなく、身分が高い人が着けるようなものでした。大親は大いに怪しみながら、秘かにその衣裳を取って付近の荒草内に隠しました。その上で意図的に大親はその若い女性の方へ近付いて行きましたが、その女性は驚いて肌着を着け、尚衣裳を着けようと捜しましたが、衣裳は何処にも見当りませんでした。その女性は顔を掩《おお》って泣きじゃくりました。大親は何食わぬ顔でその女性に尋ねました。〝あなたは何処から来たのですか？〟その女性は、すぐに気を取り直して、〝私は天女です。地上に降りてここで水浴びをしていたのですが、天女の着物で空を飛ぶ飛衣を盗まれてしまって、天に上ることが出来ません。どうか私の為に飛衣を捜して戴けないでしょうか〟と大親に頼み込みました。大親は内心悦び、天女を騙《だま》して〃しばらく我家に滞在して下さい。（その上で）再び戻って私があなたの飛衣を捜し回って見つけて差し上げましょう〃と快く天女の願いを引き受けました。その天女は喜んで、大親の申し出をすぐに承知し、大親のあばら家を訪れました。大親は先程泉内の近くの荒草内に隠した飛衣をすぐに家に持ち運び、倉庫の奥深く隠しました。やがて十余年の歳月を経た後、二人の間（大親と天女）には、一男一女が誕生しました。二人の子のうち長女はやや成長すると、父親が倉庫内に隠してあった飛衣の置かれている場所を知るようになりました。一日中弟を携えて遊んでいる最中に、長女は〃母の飛衣は六本の柱の高倉にある。母の舞衣は八本の柱の高倉にある〃と、子守唄を歌いました。母親は長女の唄を聞いて大変喜んで、夫の留守の時を見計らって、高倉の中に登って飛衣と舞衣を捜してみたら、本当に櫃《ひっ》の中に収められていて、それらは稲草で覆われていました。母親である天女は、すぐに舞衣と飛衣を身に着けて天上界に上ってしまいました。大親と長女は、顔を挙げ、天を仰いで嘆き悲しみました。天女も又（夫や子供達への）思慕の情が断ち切り難く、再三天空へ昇ったり下界に降りたりしました。しかしついには、清風に乗って天上界へ飛び去って行ってしまいました。やがて（その兄弟のうち）男の子は、察度となりました」――

その後察度は、二代目勝連按司の娘の真鍋樽を妻に娶り、たまたまあばら家だった察度の家で、妻である真鍋樽が金で出来た燭台を見つけ、それと同じような類の金の容器類が察度の畑に埋満していることがわかり、察度はこれらの容器類を、当時牧港に交易の為に出入りしていた大和商人と鉄塊と交換し、購入した鉄塊を農民に貸し与えて鍬や鎌を作らせ、それによって農民から喜ばれ、人望を得て人々に押されて浦添按司となり、その後一三五〇年、中山王の座に就いたのです。

即位後の察度王は、一三九五年崩御するまでの四十五年間に、その後の長きに亘る歴代琉球王朝の大交易期間（一三七二年～一八七四年）の基盤作りの為の多大な治績を残しています。

一三七七年には腹違いの弟泰期（天願金満按司）を、元旦の表賀の為の使者として明朝に遣わしており、一三八三年には明の太祖から鍍金銀印一、一三八五年には海船一を賜っています。

又、一三九二年には、初めて甥の日孜毎《ひにみ》、闊八馬《こはま》、寨官の子仁悦慈《えいじ》の三人を官生（留学生）として明朝へ派遣し、国司監で学ばせています。

それから貿易実務の担い手として、高祖に嘆願し、福建省の閩人（久米三十六姓）も賜り、後の久米村の隆盛に繋がっています。

この久米三十六姓の琉球への渡来時期については、主に一三九二年から数年間に及んだのではないかと推測されます（一三九二年以前から長きに亘って察度王に仕えた程復のような先駆者もいました）。

このように察度王の治世には、後年の大交易時代を支えるにふさわしい様々な貿易制度や人材育成制度の改革が成されていますが、察度王が進貢貿易を明朝と初めて行うことが出来たのには、大きな理由が二つ挙げられるのではないかと思います。

その一つは、前述したような舜天王統期から英祖王統期にかけて行われていた中国や朝鮮との民間貿易の歴史ではないかと思います。王位に就いた時、察度王もそれを熟知しており、〝貿易による国家の繁栄〟を肌で感じていたからこそ、明朝の高祖による朝貢要請に応じたのではないでしょうか。

二つ目の理由が、察度王の浦添按司就任及び王位就任にからんだ〝察度の畑の黄金伝説〟に秘められた察度の生い立ちの真実ではないでしょうか。

〝察度の畑の黄金伝説〟について、王府史記では次のように記されています。

「……察度長大ス。是レヨリ先キ、漁猟ヲ好ミテ、農事ヲ務メズ。或ハ四方ニ遊シテ、父ノ教ヘニ従ハズ。大親甚ダ憂フ。時ニ乃チ勝連按司ニ一女子アリ。才美兼ネ備フ。貴族名郷ノ家ヨリ、媒求スルモノ極メテ多ク、父母之レヲ計ルモ、而モ女子従ハサリキ。察度之レヲ聞キ、前ンデ勝連ニ至リ、按司ニ見エンコトヲ請フ。門上ノ人笑フテ曰ク、爾何人ゾヤ、豈ニ乞丐《ヤガイ》スル者ニアラスヤト。察度曰ク、我特ニ来レハ、一事ヲ求メント欲スト。守門ノ人按司ニ報ス。按司之レヲ異トシテ、之レヲ召見ス。察度直チニ大庭ニ趨ル。言テ曰ク、ワレ貴女ノ未ダ許嫁セザルヲ聞キ、イヌ吾特ニ来テ相求メントト。按司及ビ待士ミナ口ヲ掩フテ笑ヒ、以テ狂癲《キョウテン》トナス。時ニ女子、牖隙《イワゲキ》ヨリ之レヲ視ルニ、其人恍然トシテ蓋ヲ戴クガ若シ。而シテ徳器儼然《ゲンゼン》、更ニ常人ノ気象ニアラサルヲ見タリ。女子父ニ向テ曰ク、此ノ人配スルニ足レリト。按司怒ツテ曰ク、前ニ名郷貴族ノ求メヲ許サズシテ、イマ賤夫ニ与フ、豈ニ世ニ笑ハラルニアラズヤト。女子曰ク、吾コノ人ヲ視ルニ、容貌衣服鄙賤ニ類スト雖ドモ、実ハ常人ニアラズ。後来必ス大福アラント。按司平日女子ノ才智ヲ信服シ、敢テ強矯セズ。乃チ女子ニ誚テ曰ク、汝ノ心既ニ此ノ如シ、ワレト筮ツテ吉凶ヲ決セン。即日トスルニ、果シテ王妃ノ兆アリ。按司大イニ喜ビ、因ツテ之レヲ許ス。察度ニ誚テ曰ク、汝吉ヲ択シテ之レヲ迎ヘヨト。察度悦ビ、吉ヲ択シテ親シク迎フ。按司ソノ貧苦ヲ恤ミ、装送資賄、甚ダ盛ンナリ。察度悦バズ。妻ニ誚テ曰ク、汝富驕ニ生レテ美飾ニ習フ。而シテ吾実ニ貧賤ナレバ、敢テ礼ニ当ラズト。妻曰ク惟命コレ従フト。乃チ悉ク待御服飾ヲ帰シ、即チ察度ニ随ツテ、共ニ草菴ニ至ル。只垣牖傾《エンイワケイ》圮《イ》シ、風透雨湿ニシテ、清貧ニ堪エザルヲ見ル。其ノ家紫ヲ焼クノ器ハ、縦横尺餘ニシテ、上ハ灰炭堆《ウズタカ》ク四囲ニ松油ヲ灌ク。仔細《シサイ》ニコレヲ見レバ乃チ黄金ナリ。妻之レヲ怪ンテ曰ク、此物何ヨリ来ルヤ、亦何ゾ焼紫ノ器トナスヤト。察度曰ク、ワガ田囲堆満セルモノ、皆斯《コノ》物ナリト。倶ニ興ニ行テ視レバ、果シテ堆満セル物ミナ金銀ナリ。夫妻大イニ悦ビ、収拾シテ之レヲ蔵ス。其地ニ就イテ楼閣ヲ建造シ、名ケテ金宮ト曰フ。即チイマ大謝名村ノ金宮社コレナリ。当時牧港橋ナク、南北ノ人、金宮前ヨリシテ往還ス。察度之レヲ視テ、餧タル者ハ食ヲ与ヘ、寒《コゴ》ユル者ハ衣ヲ与フ。亦日本ノ商船アリ。多ク鉄塊ヲ帯ビ、牧港ニ至テ発売ス。察度尽ク之レヲ買収シ、耕者ニハ鉄ヲ与ヘテ農器ヲ造ラシム。百姓之レヲ仰クコト父母ノ如シ。推シテ浦添按司トナスヤ、境内大イニ治リ、遠近皆慕フ。時ニ西威王薨ス。世子五歳ナリ。大臣或ハ輔立センコトヲ欲ス。国人僉《ミナ》曰ク、先君ノ政ヲ観ルニ、仁ヲ残ヒ、義ヲ賤フテ、暴虐無道ナリ、臣民敢テ怨ミテ敢テ言ハズ、今更ニ幼沖ノ世子ヲ立ツトキハ、即チ何ニ向テ治ヲ図ランヤ、浦添按司ハ仁人ナリ、誠ニ民ノ父母タルニ足ルト。遂ニ世子ヲ廃シ、浦添按司察度ヲ推戴シテ君トナス。」

　察度の勝連按司の娘との結婚と黄金伝説を記述したこの王府史記の一節で、最も注目すべき内容は、察度の人柄と並々ならぬ器量に惚れて察度の妻になった二代目勝連按司の娘真鍋樽が、風が吹き抜け通しで雨漏りもする清貧に耐え切れない程の察度の家で、灰に覆われ松やにが周囲にこびりついたほぼ同じ長さの四角い燭台を発見し、磨いてみると黄金製であることがわかり、察度に問い返してみると、そのような類の黄金製容器が察度の畑に埋満していることが判明した事実です。

そして真鍋樽の気づきにより、それらの容器類が大変な財産価値があることがわかり、二人は大変喜び、黄金の容器類が埋満していた所に金宮と名付けた倉庫を建設して保管し、その容器類を大和商船が牧港に持ち込んできた鉄塊と交換し、その鉄塊を農民に与えて鍬や鎌などの農具を作らせ、農民から父母の如く慕われ、推されて浦添按司となり、遂には中山王の座に就いたという事実です。

このような内容の察度の畑の黄金伝説の中に、実は察度王が進貢貿易を行うきっかけを作ったその家系及び、妻との関係に絡んだ重要な秘密が二つ隠されていると、私は思っています。

その一つの着眼点である察度の家系ですが、王府史記では前述したように〃奥間大親ハ何人ノ後裔ナルヲ知ラザルナリ〃とその出自が明らかになっていませんが、最近琉球伝承歴史研究（特に王統の家譜研究）が進み、「新三山時代の歴史」（首里書房出版）の著書の中で、琉球伝承歴史研究家の伊敷賢氏は、察度王の家系について次のように述べています。「察度王の父親の奥間大親の父は、奥間カンジャーといって南山東大里城址の西側にある金満御嶽に奉られていて、鍛冶職人でした。又、その父親である辺土名里主も鍛冶職人であり、察度王の家系の初代（辺土名里主の父親）の並里按司は本土からの渡来者で、農業やその他の技術指導を琉球各地で行ったという伝承があります」。この察度王の家系の内容で注目すべきは、先祖が主に鍛冶職人であったという事実です。

戦乱の時代の到来（ここでは詳細については述べられませんが、英祖王統の四代目の玉城王の治世の頃から、中山及び南山、北山とも事実上の分裂状態になっていて、戦乱が各地で絶えませんでした）とともに、琉球でも本土からの鉄の導入が盛んになり、武器や武具の発達も目覚ましくなり、その役割を担った鍛冶職人は各地の按司から重宝がられるようになりました。おそらくは奥間大親の父親である奥間カンジャーも、東大里城の玉村按司（英祖王の家系）から、鍛冶職人として重宝がられていたのではないかと思います。

そのような時代的潮流の中で、おそらくは察度王の曽祖父も祖父も財産を築き、鍛冶職人集団という特殊な環境下で、それが黄金製容器という形で奥間大親や察度王に遺産として引き継がれていったのではないでしょうか。

そのシンボルが、察度の畑の黄金伝説だったのではないでしょうか。

そして、察度の畑の黄金伝説の中でもう一つ見逃してならないのは、その黄金製容器の財産的価値を、二代目勝連按司の娘である真鍋樽を妻に迎えるまで、察度は知らなかったということです。この黄金製容器の財産的価値を見抜いたのは、妻の真鍋樽です。

そうだとしたら、次に浮かんでくる疑問は、真鍋樽はどうしてこの黄金製容器の財産的価値を見抜いたかということです。それは真鍋樽の生い立ちに関係があります。

真鍋樽は前述した王府史記では、二代目勝連按司（一代目は英祖王統二代目の大成王の五男）の娘であり、当時才色兼備の王女として評判が高かった女性だったと記述しています。乞食同然の身なりをした当時無名の若き察度の並々ならぬ才覚と器量をいち早く見抜いて、父親を説得して察度の求愛に応えた真鍋樽の才覚もおそらく尋常なものではなかったと推測されます。

そしてそのような真鍋樽の才覚を育んだものが、当時大和商船を中心に大々的な貿易を行い、隆盛を誇っていた勝連城を取り巻く貿易環境だったのではないでしょうか。

そのような真鍋樽の生い立ちが、察度の家に嫁いだ時、古ぼけた黄金製の容器類が〝貿易品としての価値が高い〟ということを見抜かせ、その後の察度の王位就任及び察度に〝貿易によって富を築くことの重要性〟を認識させ、王位就任後の明朝と進貢貿易を開始するという大きな決断に繋がったのではないでしょうか。

六、第一尚氏及び第二尚氏の謎

第一尚氏及び第二尚氏の前期にかけて、歴代琉球王朝における進貢貿易は爛熟期を迎えますが、その起爆剤になったものが南蛮貿易における蘇木と胡椒であったことは、前述しました。ところでその第一尚氏と第二尚氏の家系に着眼した場合、その発祥の地が共に伊是名島という不思議な事実があります。

伊是名島は、本島北部運天港から船で約二時間行った所の北方海上に、一匹の巨大なしゃちが悠然と寝そべっているような恰好で浮かんでいる小さな島です。島の南側地域には人を寄せ付けないような幽境の地の趣に包まれた山並みが、東西に長く連なっています。山の至る所に拝所があり、それらの中には第二尚氏ゆかりの拝所もあり、その昔、聞得大君が参詣用に利用した山道の険しい石畳道も残されています。

島の中央部分から北側にかけては、水田を中心とした牧歌光景として拡がっています。第一尚氏の祖屋蔵大主は、伊是名島の実力者でしたが、その生い立ちについては今のところわかっていません。その後、伊平屋島に渡って生涯を暮らしていますが、その墓が今でも伊平屋島に残っています。伊平屋島は伊是名島の東側真向かいにある小さな島で、歴史が古いことで有名な所です。

水田や畑が多く、島の北側部分にかけては、山並みが海岸線に平行に近い形で東西に伸びており、閑散とした半農半漁の島です。屋蔵大主の墓は、島の西側地域の海岸線が変化に富んだ所の、海から数十メートル陸地に入った藪の一角にあります。その屋蔵大主の墓以外にも、伊平屋島にはもう一つ歴史の古さを示すような遺跡と伝承があります。

伊是名島から佐敷に移り住んだ鮫川大屋は、魚の行商をしていましたが、大城按司に認められ、豪族にのし上がりました。

第一尚氏の祖、鮫川大屋ゆかりの屋方跡の月代宮。

住んでいた内間御殿。尚円金丸は、尚徳王の時代に西原間切で隠居に推され、王位に就きました。

御物城の御鎖側（貿易の管理及び官房の役職）を務めていた尚円金丸が
生活を送っていましたが、後に王府内のクーデターにより重臣や家臣達

それは天の岩戸伝説です。天の岩戸伝説といえば日本神話の中に出てくる有名な話ですが、その発祥の地は、宮崎県高千穂の峰だというのが、現在定説になっています。しかし古くから伊平屋島にも天の岩戸伝説が伝承されてきており、伊平屋村誌にも紹介されています。

伊平屋村誌には、――神武天皇は伊平屋島のクマヤ洞窟で生まれ、母はタマヨリヒメで、その後成人して九州に行き、東征を行った――と記述されています。その発端となったものは、江戸時代中期における国学者本居宣長と藤井貝軒の天の岩戸論争です。

藤井貝軒は「神武天皇は、琉球の伊平屋島で生まれ、そこから東征を果たした」と唱えました。その藤井貝軒の主張に対し、当時国学者として名高かった本居宣長は、真っ向から反論を唱えました。

「天の岩戸は、日向の国（宮崎県）の高千穂の峰である」と言うのが、本居宣長の主張でした。結局、この二人の大論争は、藤井貝軒の刑死によって、終止符を打つことになりましたが、その後一部の研究家によって、伊平屋島も天の岩戸伝説の地として注目されるようになったのです。

伊平屋島の東側にある田名部落を海岸線沿いの道をさらに東に進んだ所に、人を威圧するかの如く海に向かってそびえ立っている切り立った崖状の大きな岩場があります。そこが天の岩戸伝説論争で藤井貝軒が主張した神武天皇が生まれたクマヤ洞窟です。周囲の海岸線は岩場が多く、岩に砕け散る波しぶきの音が耳にかん高く響くほど閑散とした所です。道沿いから岩場の頂上に向かって伸びている、険しい小さな坂道を登って行くと、程なくして洞窟の小さな入り口が、視界に飛び込んで来ます。

入り口は人がやっと一人通れる程に狭いが、奥の方に向かってしばらく進むと急に視界が開けてきます。かなり高い天井が拡がっており、小

尚円金丸の逆田跡。尚円金丸の水田はやや小高い丘の所にあったにも拘らず、干ばつ時にも満々と水をたたえていたと伝えられています。よほど灌漑技術に秀でていたのではないかと思われます。後にそれが原因となって島の若者達の妬みを買い、島を追われざるを得なくなったとも言われています。

しましたが、屋敷跡のひっそりとした佇まいは、往昔を偲ばせてくれます。

伊是名にある尚円金丸の生家跡。尚円金丸は若い頃まで伊是名島で過ご

24歳の時、妻と15歳下の弟（後の尚宣威王）を連れ、雄飛の志を抱き故郷伊是名島を出た金丸は、第一尚氏六代目国王尚泰久との運命的な出会いから、地頭職及び御鎖之側の要職を経て、遂には第二尚氏初代国王の座にまで上りつめたのです。

尚円王湧水節公園に歴史時空を超えて蘇った尚円王の乗馬像——。

さな石畳道を下って行った奥側に、不思議な神々しさに満ちた小さな神社が見えます。

鳥居の柱は朱色状ですが、歳月の古さを示すかのように、色がかなり褪せています。その鳥居の奥に、金琥状のお宮がありますが、ちょうど伊勢神宮を彷彿させるような作りになっています。

古い言い伝えによりますと、神武天皇はこの洞窟で生まれ、後に九州に渡り、東征を果たしたとされています。このような古い歴史に彩られた伊平屋島ですが、前述した屋蔵大主の子が、後に第一尚氏の始祖尚思紹の父の鮫川大屋です。鮫川大屋は、伊是名島の実力者になりましたが、後に南部の佐敷へ船で渡っています。それから第二尚氏の始祖尚円王の父も、伊是名島の出身です。後に尚稷王として奉られていますが、その生まれについては不明です。このような不思議な共通点を有している第一尚氏と第二尚氏ですが、もう一つの共通点が共に貴種伝説に基づいて王位に就いているということです。

尚思紹の父に当たる鮫川大屋は、伊是名島から船で南部の佐敷へ渡りましたが、そこで魚の行商を営んでいました。現在の佐敷町の月代付近です。知念半島へ向かう沿道をしばらく行った所に月代がありますが、村落の奥にある小さな森の一角に尚思紹と尚巴志を奉ってある月代の宮があります。

魚の行商をしていた鮫川大屋は、その月代付近で、ある時大城按司に出会い、その按司に引き立てられ、後に佐敷の豪族にまでのし上がります。そして佐敷の小按司と呼ばれた尚巴志の代に大里按司を滅ぼし、後に三山を統一しています。

それから尚円王も伊是名島で生まれました。若い頃の名前は金丸で、農業に秀でていました。金丸が営んでいた水田は、逆田（通常は低い所にあったが、金丸の田は高い所にあった）でしたが、干ばつの時にもいつでも満々と水をたたえていました。

その為に島の住民から恨まれ、島を追われ本島北部の宜名真に逃げのびました。伊是名島には、金丸の生家跡と逆田跡が今でも残されています。生家跡は素朴な野積の石垣で覆われ、樹木で周辺を取り囲んでいますが、その近くに逆田跡も残されています。

その後金丸は、越来（今の沖縄市にある地名）に移り、当時越来王子（後の尚泰久王）と出会い、家臣に取り立てられました。尚泰久王が王位に就いてからは、御物城を管理する鎖之側の職に抜擢されましたが、第一尚氏最後の王尚徳王の死亡により、王府の重臣達や家臣達の支持を得て王位に就きました。

ところでその第一尚氏と第二尚氏ですが、その祖である屋蔵大主と金丸の父については、その生い立ちが現在のところ不明です。おそらく伊是名島の出身でないことは、家譜がないことや口承が少ないことから確かではないかと思います。その前身に関しては今のところ不明ですが、おそらく倭寇の末裔ではなかったかと思われます。

倭寇とは、十四世紀後半から十五世紀後半にかけて、東シナ海や朝鮮沿岸及び中国沿岸付近を荒らし回った海賊集団で、前期倭寇と後期倭寇に分けられます。特に前期倭寇の勢力はかなり強く、朝鮮の高麗王朝は、度重なる倭寇の略奪の為、国力を疲弊させられました。騎馬武者を中心とした倭寇の軍勢約二千人に襲われたこともあります。

その前期倭寇の前身は、南朝方（室町幕府創立後、後醍醐天皇が吉野に築いた朝廷）の兼良親王を頭領とした落ち武者集団と言われています

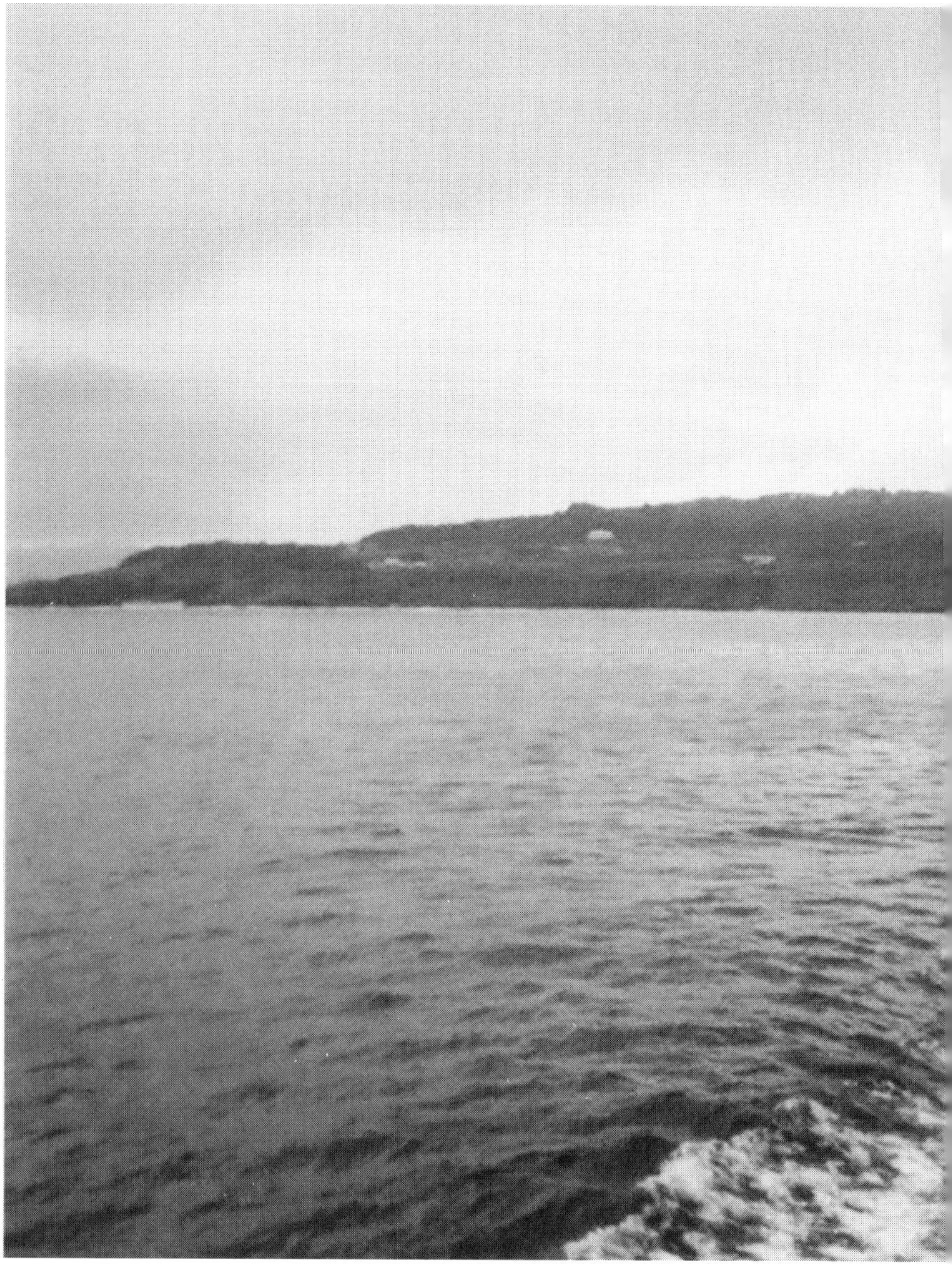

1609年、薩摩が琉球を侵略した時に軍船を最初に停泊させた古宇利島。その後薩摩の軍勢は、運天港に上陸し、琉球侵略を果たしたのです。

が、中国の明朝や朝鮮の李氏王朝を脅かしていました。

特に明朝は「北虜南倭（北の匈土の脅威、南の倭寇の脅威）」ということで、倭寇対策に力を注ぎました。

ところで、第一尚氏及び第二尚氏が倭寇の末裔だとする根拠としては、次の三つが挙げられます。

第一に、倭寇は琉球王朝の進貢船を襲わなかったということです。第一尚氏の紋章は三つ巴ですが、それは源氏の守護神を祀った大分県にある宇佐八幡宮の紋章と同じであり、倭寇はその船に宇佐八幡宮の紋章をシンボルマークとして掲げていました。

又、三山を統一した尚巴志は、相談役として当時倭寇の頭目の一人だった、対馬の早田左衛門太郎の息子で小頭目の早田六郎次郎を用いています。

以上、二つの理由から、倭寇と第一尚氏との間には「琉球王朝の進貢船は襲わない」という、密約があったのではないかと推察されます。

以上の経緯を踏まえてみた場合、第一尚氏の祖（屋蔵大主）が倭寇の出身だったのではないかということが窺えるのです。

第二に、伊是名島、伊平屋島は倭寇の寄港地であったということです。倭寇は北東の季節風を利用して、対馬壱岐あたりから南下し、琉球列島を通り東シナ海に出ました。その際水と食糧を調達する中継基地として伊是名島、伊平屋島を利用したのではないかと思われます。その理由として、島伝い航法で南下し東シナ海へ出た倭寇としては、本島内では伊是名島、伊平屋島が寄港地としては自然ではなかったかということです。もう一つの理由が、第一尚氏の祖屋蔵大主の墓内に安置されている亀が、朝鮮の焼き物だということです。当時、朝鮮の焼き物は、貿易能力を身につけていなければ手に入れることは不可能でしたので、屋蔵大主は当時当然貿易能力を身につけていたものと思われます。そうであれば、屋蔵大主が倭寇の出身であったとする解釈が自然ではないかと思います。

第三に第一尚氏の尚思紹の父鮫川大屋、第二尚氏の尚円金丸は、特殊能力を持っていたということです。鮫川大屋が大城按司に認められるきっかけになったのは、佐敷の月代付近で魚の行商をしていた時でした。当時佐敷は馬天港を抱え、堺の商人の船などが頻繁に出入りし、対大和貿易が盛んでした。

おそらくその時、鮫川大屋は日本語が堪能で、それを大城按司に認められたのではなかったかと思われます。また貿易実務も身につけていたのではなかったかと思います。それは屋蔵大主が倭寇出身だったからではないかと思われます。

又、尚円金丸も若い頃から、逆田に水を満々とたたえる灌漑技術を身につけており、尚泰久王時代に御鎖之側という役職につけたのは、貿易実務能力を身につけていたからだと思われます。それも金丸の父が倭寇出身だったからではなかったかという気がするのです。

七、薩摩が琉球侵略を行った理由

中国との貿易や南蛮貿易で栄えていた琉球王朝の貿易利権に目をつけて、琉球王朝を支配下に治めようとする本土の有力大名達の動きは、薩摩の琉球侵略以前からありました。

豊臣秀吉は、本能寺の変で主君の織田信長を討った明智光秀との決戦の前に、居城の姫路城で武将の亀井宗矩の「琉球を領土とする事を認めてもらいたい」という申し出を承諾し、亀井琉球守と名乗ることを認めました。亀井宗矩は勇躍し琉球征伐の準備をしましたが、その後天下統一を果たした豊臣秀吉は、朝鮮征伐を前に、亀井宗矩の琉球征伐を時期尚早ということで、取りやめの決定をしました。

それ以前にも、豊臣秀吉の家臣の宇喜田秀家による琉球征伐の企みがありましたが、不発に終わっています。その代わり朝鮮征伐に際し、豊臣秀吉は琉球を薩摩の与力として軍資金と糧食の協力を要請させました。薩摩は琉球に圧力をかけ、軍資金と糧食の供出を求めました。時の尚寧王はその要請を受諾し、軍資金と糧食の供出を行いました。

その後一六〇九年、琉球が江戸幕府の対明貿易の斡旋を断ってきたのを口実に、薩摩は江戸幕府に願い出て、琉球征伐の許可を得て、琉球侵略を果たしました。

薩摩が琉球を侵略した目的は、関ヶ原合戦での敗退、藩内の反乱、江戸城修復工事の為、財政が窮乏状態に陥っていて、その打開策として琉球の対明貿易利権を獲得したかったからです。樺山久高を総大将とし、軍船百余隻、総勢三千余人で琉球を侵略したのです。

八、中国との進貢貿易で中心的役割を果たしたのは硫黄だった

歴代琉球王朝の中国との進貢貿易においては、南蛮貿易における貿易品蘇木と胡椒で莫大な利益を挙げたことは前に述べました。これらは歴代宝案における表奏文においては、付塔貨物として取り扱われていました。朝貢品としては主に硫黄、馬、貝殻などでした。特にそれらの中でも、硫黄は琉球の名産であり、毎回大量に輸出されました。一番多い年

には、二万五千斤輸出されたこともあります。

中国は火薬を世界で初めて発見した国として知られていますが、中国には火薬の原料となる硫黄の産地が少なかった為、硫黄が珍重されました。琉球には硫黄鳥島という硫黄の豊富な産地があり、歴代琉球王朝は、その硫黄を中国に輸出することによって莫大な利益を挙げたのです。

硫黄鳥島は沖縄本島北部西方海上の小さな火山島です。人は住んでいませんが、硫黄が豊富で、歴代琉球王朝はその硫黄を採掘して中国へ輸出したのです。

九、類い稀な航海技術が南蛮貿易を支えた

琉球王朝の中国との貿易や南蛮貿易は、察度王による中国との進貢貿易開始以来とされていますが、沖縄近海でしか採れないゴホウラ貝が九州地方や北海道の弥生時代遺跡から発見されたり、二千三百年前の中国の燕の貨幣明刀銭が日本で唯一沖縄県で発見されていることを考えると、琉球はかなり古い時代から海外交易活動が盛んで、それを支える卓抜した航海技術を有していたことが窺えます。

古代の琉球の人々は、季節風、星座を利用する航海技術に卓抜していたのではないかと思われます。古代の琉球の人々は、中国や東南アジアへ進貢貿易に向かう際には、北東の季節風を利用して、旧暦の九月〜十一月にかけて出発しました。又、中国や東南アジアから沖縄へ帰路につ

く際には南風《ハエ》を利用し、旧暦の四月〜五月にかけての時期でした。

また、本土へ向かう際には南風を利用し、帰路につく際には北東の季節風を利用しました。この季節風を利用した航法以外には、星座を利用した航法も古代において確立されていました。古代、夜空に輝く星群を見て、人々はその神秘な世界に浸り、ロマンをかきたてられました。オリンポスの山々で活躍する神々達の物語を描いたギリシャ神話は、そのような背景の中で生まれました。

古代において、地中海貿易で活躍したフェニキア人も、この星座を利用した航法で繁栄をとげました。星座の中で目印として利用されたのが、北斗七星です。この北に冷たい氷のような輝きを放っている星は昴(すばる)と呼ばれ、古代から人々に畏敬の念を感じさせるような趣に満ちています。

古代、琉球の人々も夜航行する船の上で、北斗七星を目印にして位置確認を行いました。古代からの季節風を利用した航法や星座を利用した航法は、歴代琉球王朝の進貢貿易においても当然利用されましたが、それ以外に当時の琉球には、船の位置確認、気象予測が出来る優秀な船乗りが多数いました。

ちなみに当時、船の位置確認は、海底から土砂の採取を行い、その性質や形状を分析することによって行いました。又、気象の予測は雲の動きを見て行いました。

このような卓抜した航海技術に支えられて、十四世紀後半から十六世紀初めにかけて、琉球王朝は南蛮貿易によって莫大な利益を挙げたのです。

十、南蛮貿易が衰退した理由

ヨーロッパは長きに亘って続いた中世も、十五世紀に入ってからようやく陰りを見せ始め、代わりに絶対主義王朝が新興勢力として台頭してきました。

その先駆けとなったのが、スペインとポルトガルです。一四九二年、スペインのコロンブスによるアメリカ大陸発見、ポルトガルのバスコ・ダ・ガマによるインド洋新航路発見により、スペインとポルトガルは、植民地獲得を巡っての熾烈な競争を展開しました。その為に時の教皇アレクサンダー六世は、子午線を境界に、スペインはその西方地域に進出し、ポルトガルはその東方地域に進出するようにと調停を行いました。

当時新大陸からの大量の金がヨーロッパに流入し、絶対主義王朝は繁栄を迎えています。この大量の金の流入は、ヨーロッパの人々の黄金熱をますますかきたて、それが植民地獲得競争に一層拍車をかける事になりました。スペインは南米大陸にも進出し、アンデス山中で栄えていたインカ帝国も滅ぼしています。

ポルトガルは、新たに発見されたインド洋新航路を利用してインドに至り、ゴアに侵出しそこに総督府を置き、東南アジア進出の為の拠点にしました。当時インド地域ではアラビア商人が活躍していましたが、ポルトガルはそれを一掃し、その後インドネシアやシャムに進出し、胡椒で莫大な利益を挙げました。

ところで歴代琉球王朝の南蛮貿易は、十五世紀後半からはマラッカを中心に行っていましたが、インドのゴアに侵出して来たポルトガルが、一五一一年マラッカを占拠したことにより、琉球の進貢船は駆逐されてしまいました。

マラッカの商権を奪われた琉球の進貢船は東に進んで、スンダ又はパタニに活路を求めざるを得ない状況に陥りましたが、スンダの方にその拠点を移しました。以後、スンダとの貿易により脈々と築いてきた南蛮貿易の権益を守っていましたが、一五二二年、スンダにまでポルトガルの勢力が及び、涙を呑んでスンダを退去せざるを得なくなりました。

スンダを追われた琉球の進貢船は、最後の貿易の拠点をパタニに求めましたが、一五四三年、ポルトガルの侵出によりパタニとの交易も途絶えてしまいました。

十六世紀初頭のポルトガルの侵出により、南蛮貿易は衰えを見せ始め、特にパタニを失ったあたりからは急速な衰えを見せ始め、僅かにシャムとの交易だけが残り、一五七〇年まで続けられました。

第六章　琉球王朝を支えた卓抜した行政組織

一、琉球王朝は緻密な行政組織を作った

歴代琉球王朝の約五百年の長きに亘る進貢貿易を支えた背景の一つに、王府の緻密な行政組織が挙げられます。第二尚氏の尚真王期前とそれ以後とでは、行政組織の内容に相違が見られますが、近世において確立された代表的な行政組織は、次の第二図に掲げる通りになっています。

三司官の制度や鎖之側については前述しましたが、総地頭制や地頭制、俸禄制も重要です。王府組織の主な職能は、三つに区分されていました。儀式や行事を取り扱う儀式方、租税や地頭の領地、中国・薩摩関係の財務等を取り扱う給地方、貿易関係等を取り扱う御物座方です。

第2図

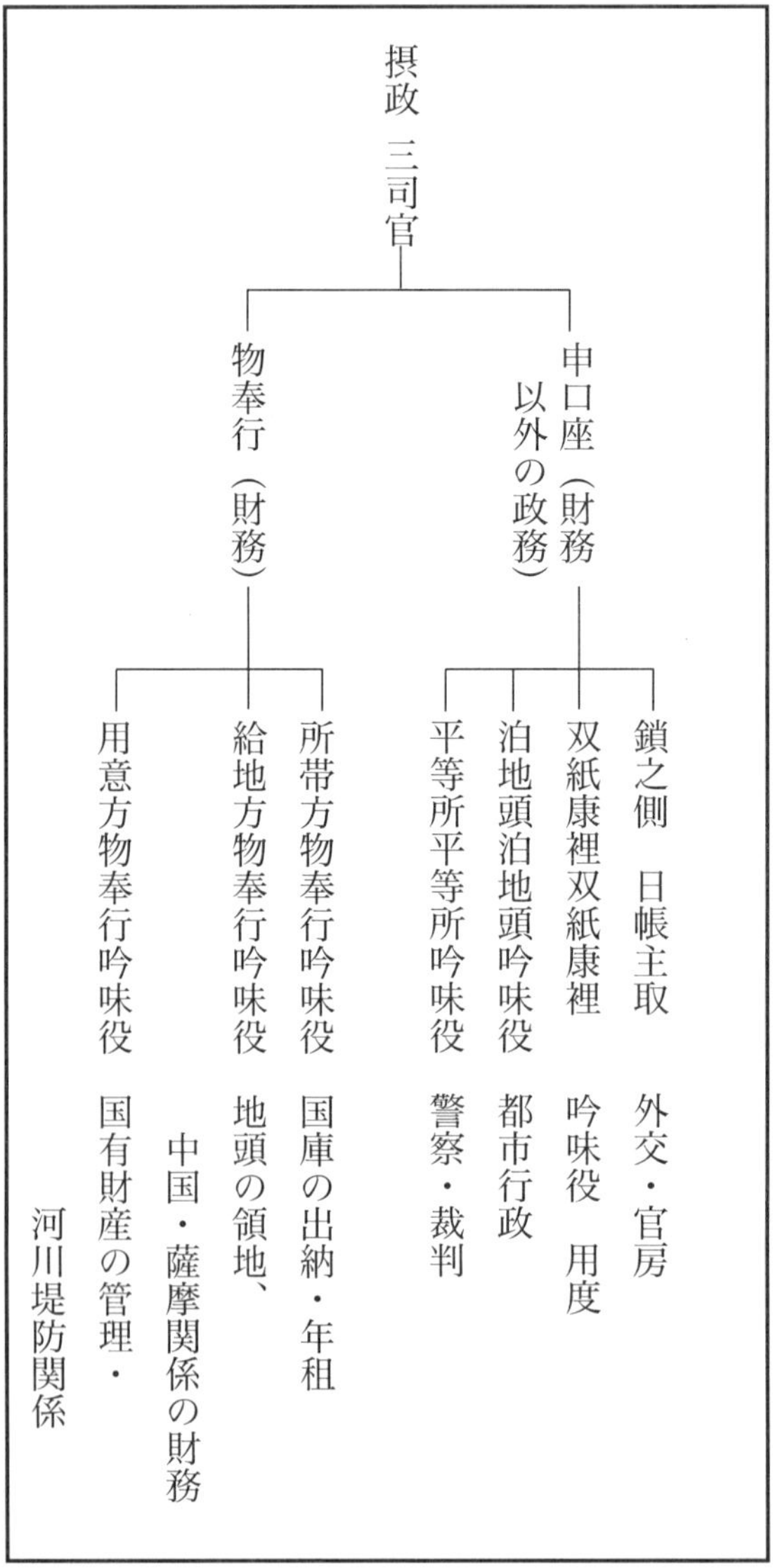

総地頭は、各間切を統括する最高責任者（按司を除く）であり、三司官出身者などで親雲上《ぺーちん》や親方の位階を持つ者が任命されました。ちなみ

に歴代三司官の中では、質素倹約で事績を挙げた羽地朝秀は羽地総地頭に、六諭衍義を著した程順則（後の名護親方）は名護総地頭に、それぞれ任命されています。

総地頭の下に間切を直接統括する地頭がいました。王府の辞令書を見た場合、間切名を名乗る大屋子もいと、シマ名を名乗る大屋子もいが出て来ます。浦添城の碑文に「くにのあじげすたミやひゃくしゃう。三ばんの大やくもいたさとぬしべげらへあくかべかミしもちはなれ、くにゞのあぢべちゃうらうあすたべかなぞめはつまきぼうずた三ばんの大やくもいたさとぬしべげらへあくかべ、うらおそひまぎりの大やくもいたさとぬしべげらへあくかべおゑか人のろべしまのあすたくにのあむた大小のゑくがおなごども、おきなハの天が下のあぢげすおゑか人わか人おなごわらべ」と刻まれています。

この碑文の中にあるあぢべとは按司達の事であり、ちゃうらうたあすたべとは長老達で地域を治める者、かなぞめはつまきぼうずとは冠を戴く階級のことを意味しており、さとぬしべとは里主達、げらへあくかべとは里主の家来の赤頭、おゑか人とは地方役人のことを意味しています。

ところでこの碑文で注目すべきものに、三ばんの大やくもいたという言葉があります。これは三司官の大屋子もい達という意味で、大屋子もいの中から三司官が任命されたことがわかります。大屋子もいの中でも間切名を持つ大屋子もいの中から三司官は任命されています。この大屋子もいは後の親雲上の位階に相当するものではないかと思われますが、前述した地頭も、この大屋子もい又は里主から任命されたのではないかと思われます。

その地頭の下に地頭代以下の村役人がいました。次に掲げた第三図は、地頭以下の職制を示したものです。

第３図

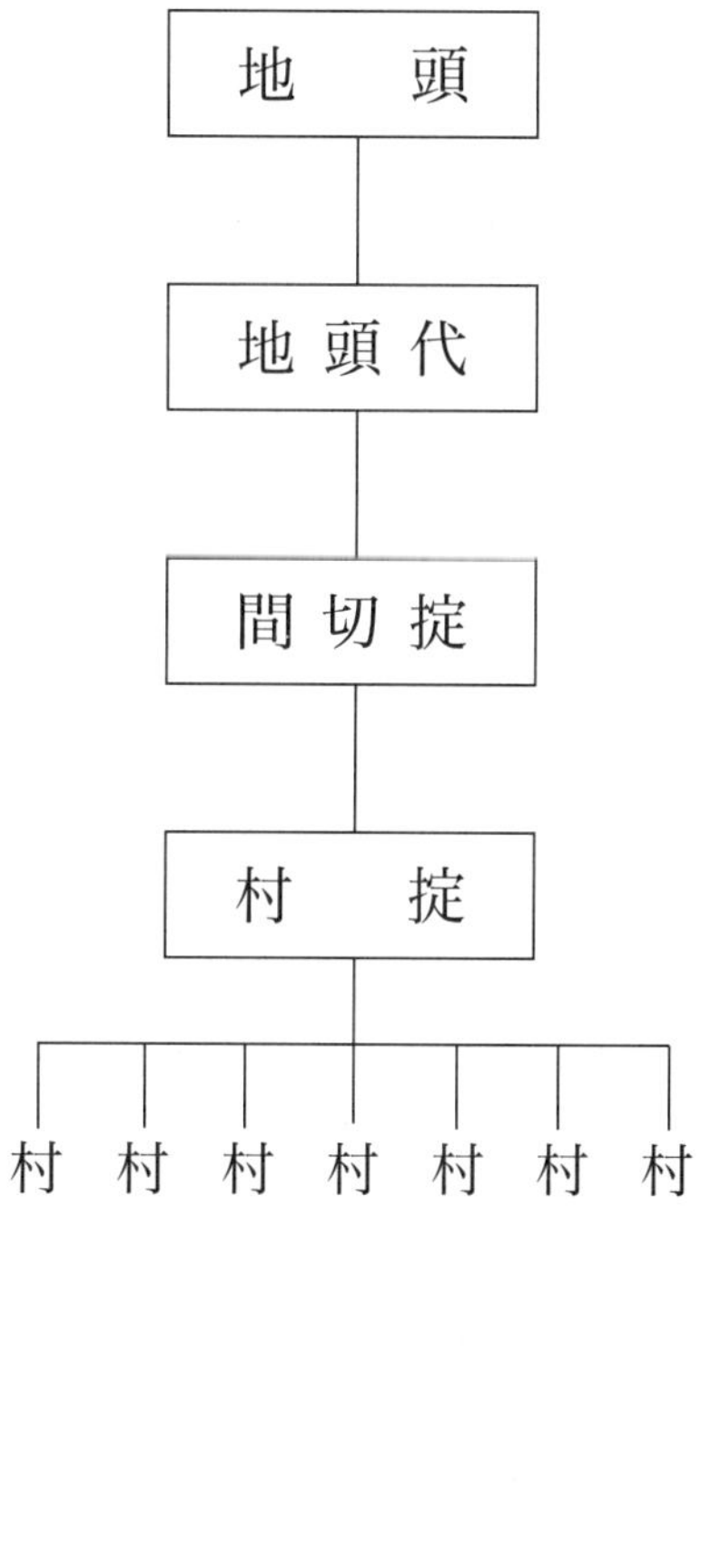

村役人は、間切を管轄する間切掟と各村を管轄する村掟に分かれていました。地頭制の一環として、その他に宮古及び八重山には在番制が敷かれ、王府から役人が派遣され、その下に検者や下知役が置かれました。

それから俸禄制ですが、王府が地頭や掟などの役職を任命する場合には辞令書が交付されました。その辞令書の中に北谷掟（間切掟）に対するものがありますので、ここで一つ紹介してみましょう。

北谷掟宛辞令書（一五七七年）

〔しよりの御ミ事〕
きたたんまぎりの
もとはあづかりのちの内より
これのくにのろくもいがまぎり
〔一〕百五十ぬきちはたけ三おほそ
かにはんたはる又中はるとも〔二〕
このちのいろ〳〵のみかないは

御ぬるしめされ候
　又のろかないはくにのかないの三分
一かなちべし
一人きたゝんおきてにたまわり中〔候〕
しよりよりきたゝん〔の〕おきての方へまいる
万暦五年九月六日

　これは北谷掟への任職を示した内容のものだが、同時に俸禄も行っている内容になっています。北谷掟は、給地として百五十ヌキ、三オホソ畑を、かにはんたはる及び中はるの地から与えられ、それに対するいろいろなみかない（貢租）は免除され、間切の収穫物の三分の一はノロ（神官）に収めよという内容になっています。

このように任職する場合には、俸禄も同時に与えられました。

二、海船組織に似たひきの制度を作った

琉球王朝の進貢船には、勢治荒富《せじあらとみ》ひきや勢遣富《せりやりとみ》ひき、謝国富《じゃくるとみ》ひきとか押明富ひきなどと、すべてひきの名前がつけられていました。そのひきの船頭職（勢頭とも呼ばれていた）には、里主の家来の赤頭《あくかべ》（里主身分の者の家臣）が任命されました。

それから王府の行政組織にもひきの制度があり、丑の日番、巳の日番、酉の日番の三つのグループで編成されていました。進貢船の船頭職の者が三つのひきグループのいずれかに配属される場合も多く、進貢船のひ

き組織の副官の下のあざなという役職は、首里城の東西に設けられていた物見台の警護役や門番の役職でもあったので、三つのひきグループは軍事組織だったものと思われます。

ところで軍事組織としての三つのひきの組織を進貢船組織としてのひきと同じような形で作ったのは、王府の最大の事業が貿易であり、地上の軍事組織も航海と似たようなものだからと考えたからではなかったかと思われます。それに関しては、伊波普猷、高良倉吉氏もほぼ同じような見解を取っています。

三、琉球王朝の進貢船貿易は官船貿易だった

琉球王朝の進貢船組織の重職である船頭職、副官職、その配下であるあざな職は、察度王統による進貢貿易を開始してしばらくの間は、すべて久米三十六姓が担っていましたが、その後王府の役人が任命されるようになりました。

また舟子（水夫）や船大工も、中国貿易、南蛮貿易の第一期及び第二期の途中までは久米三十六姓が担っていましたが、その後は泊・那覇系の百姓や町人が担うようになりました。

そのことからして進貢貿易は、王府の他の事業と同じように公的なものであり、官船貿易でした。

四、琉球王朝は行政組織の中に風水を採り入れた

風水とは、土地や家などの場を良くすることによって、人の運勢を向上させたり健康の増進を図るものとして、最近では企業あたりでも企業風水として注目されています。企業では、植栽を行ったり、職場の美化の一環として観葉植物を飾ったり、大理石の彫刻品を置いたりなどして、場の活性化による企業繁栄を図る形での取り組みがなされています。その他に個人の運勢の向上や健康の増進を図る装飾品として、水晶のアクセサリーや琉球触媒石の陶器があります。

ところで第二尚氏の尚真王の時代に、国家の安泰や航海安全、五穀豊穣を願う為に、風水の一環として聞得大君の制度を作りました。聞得大

君とは最高神官のことであり、初代聞得大君には、尚真王の妹の月清が就任しました。

その聞得大君が就任する際には、国王の参詣コースの一つになっていた斎場御嶽で就任の為の儀式「御新下り」が行われました。御新下りは、神秘さと荘厳な雰囲気に包まれた斎場御嶽で、夜行われます。祭壇の前にむしろを敷き、玉城ノロが進行役を務め、まず祝詞が奉じられ、一通りの儀式が執り行われます。

その後聞得大君は、神となる為に一人むしろの上で一晩を過ごします。そしてキミテズリの神の降臨を待ち、神と一夜を共にします。これが御新下りの儀式の内容です。

ところで、この御新下りを巡って一七〇〇年代、尚敬王の時代に、御新下り騒動が持ち上がっています。当時聞得大君はじめ神女達は、王府に災厄がふりかかってくるのは「祈りが足りない」からということで、王府内の各所に拝所を作って拝みました。

そして尚敬王に「今年、御新下りの儀式を行わないと、必ず王自身に災厄がふりかかる」と迫りました。その御新下りを巡って、王府内でも意見が紛糾し、ついには三司官をも巻き込む政治的大騒動にまで発展しましたが、「王府財政が逼迫している折、かなりの出費を強いる御新下り儀式を行うことは得策でない」とする三司官の断により、混乱が収まったという逸話が残されています。

その聞得大君の制度以外に、琉球王朝は風水を墳墓、都城、村落、住居等を築くに当たって、災禍を避け、幸福を招く為に、地形や地勢としての地相を見る為に利用していました。風水見と呼ばれる専門家がいて、竜脈が充満している所が最も良い場所とされました。竜脈とは今で言う気のことです。最近気功体操やヨガなどで気は有名になっていますが、それは自然エネルギー（超微粒子の集合体）です。琉球王朝時代には、村落の移動などにもこの風水が活用されました。

あとがき

本土への復帰後、平成二十九年現在四十五年目の節目を迎えています。今沖縄は、日本における代表的な国際化モデル地域の一つとして、国際リゾート観光産業の隆盛や「アジアへの架け橋作り」を通じ、「第二万国津梁の時代」を築こうとする機運が盛り上がってきています。

そのような中にあって、我々の祖先達が脈々と築いてきた、長きに亘る黄金の貿易時代の足跡を振り返ってみるのも、必要なことではないかと思います。我々の先祖達がその貿易時代を築き得た背景には、未知なる世界に夢とロマンを求める海外雄飛の精神と英知、たゆまぬ努力で築いた貿易システムがありました。その体系的なシステムについて出来る限り詳述したつもりですが、テーマが大きいだけに細部の領域で一部洩れがあるのも事実ではないかと思います。

琉球の歴史は、現在我々が考えている以上に年代的にかなり古く、うずもれた部分がかなりあります。琉球にはアマミキヨ伝説がありますが、天孫氏王統の所で詳述しましたように、その中に出てくる天孫子とは高貴な世界の孫の子という意味で、渡来者を意味しています。その渡来者と先住民との融合により、強力な権力を持った支配組織が誕生したのではないかと思います。

その主な理由として、「あまへーだの歌」の古文書に見られる約二千三百年前の稲作歴史の事実（稲作は紀元前三世紀の弥生時代初期に始まっています）、約二千三百年前の中国の燕の貨幣明刀銭が、唯一沖縄県で二回発見されている事実及び紀元後七世紀の初期に、中国の隋が二回琉球に来襲していることから、強力な国家が誕生していた痕跡の可能性が高いことの三つを挙げることができます。

これら三つの事実及び黒潮の流れによる文化の伝播を考えた場合、琉球から日本の歴史は始まったのではないかと思います。

尚、巻尾に歴代琉球王朝の王統記を掲げておきますので、参考にして頂きたいと思います。最後に本書が、琉球の歴史への一般の人々の関心の高まり及び二十一世紀の沖縄県の「アジアへの架け橋作り」、「第二万国津梁時代構築」の一助にでもなれば、と願いつつ筆を置きます。

平成二十九年九月七日

改訂について

序文で書き記した通り、本書は平成十三年一月に出版しておりますが、当時を振り返ってみますと、現在、早十六年の歳月が経過しております。その間に沖縄を取り巻く経済環境及び政治環境も、目まぐるしく大きな変遷を遂げています。観光客数も既に八百万人超の大台に乗せており、豪華客船ツアーや一般アジアツアーの増加、大型観光施設・大型店舗施設の相次ぐ建設により、国際リゾート観光産業は県内経済を支える大黒柱として、今日隆盛を極めています。政治面でも「アジアへの架け橋作り」及び国際学術交流を中心とした日本の中の国際化先端地域の一つという位置づけで、ますます重要な役割を担いつつあります。

そのような潮流の中で、琉球歴史分野に目を転じてみた場合、琉球王朝の王家の家譜研究面でも大きな伸展が見られ、また考古学上の遺跡発掘による新たな発見及び・般的歴史研究の伸展による新たな歴史的事実の発見及び新仮説の登場等もあって、学術研究及び成果の充実化の様相の観を呈しつつあります。

それらの琉球歴史研究分野の新たな潮流の形成もあって、本書の一部修正及び新たに加筆したい事項もこの十六年間に幾つか生じてまいりましたので、再出版を機会に今回初版の際の脱字・誤謬《ごびゅう》も含めて、大幅増補改訂を行うことと致しました。

特に本書の第五章の〝歴代琉球王朝成立の背景と海外交易の変遷〟の所で、大幅加筆を行っております。具体的には、英祖王の治世に中国の元が琉球に二回来襲した理由及び〝源為朝伝説〟の解釈、初めて中国との進貢貿易を開始した察度王が進貢貿易を開始できた理由を中心に詳述してあります。

読者の皆様に十分に御満足戴ける内容になっているものかどうか、浅学非才の身としては甚だ汗顔の極まりの感が致しておりますが、読者の皆様の真摯なる御批判及び御指導を率直に仰ぎたいと存じます。

平成二十九年九月七日

〈王統系譜表〉

王統	年代	国王系図
舜天王統	一一八七年〜一二五九年	舜天王—舜馬順熙王—義本王
英祖王統	一二六〇年〜一三四九年	英祖王—大成王—英慈王—玉城王—西威王
察度王統	一三五〇年〜一四〇五年	察度王—武寧王
第一尚氏	一四〇六年〜一四六九年	尚思紹王—尚巴志—尚忠王—尚思達王— 尚金福王—尚泰久王—尚徳王
第二尚氏	一四七〇年〜一八七九年	尚円王—尚宣威王—尚真王—尚清王—尚元王— 尚永王—尚寧王—尚久王—尚豊王—尚賢王— 尚質王—尚貞王—尚益王—尚敬王—尚穆王— 尚温王—尚成王—尚灝王—尚育王—尚泰王

❏著者プロフィール

平敷《へしき》　慶宏《よしひろ》

1951年８月、沖縄県に生まれる。
琉球大学経済学科を卒業後、琉球銀行に勤務。
その後、税理士事務所勤務を経て、1985年税理士試験に合格。翌年２月、平敷慶宏税理士事務所を開業。その後平成４年、有限会社海邦経営研究所を設立。各種講演会業務を中心に事業活動を展開。那覇市商人塾及び法人会の講師を歴任し、那覇市の企業経営診断員として約10年従事後、中小企業を対象にした経営改善業務や事業計画作成業務を中心に事業を展開し、現在に至っている。

〈主な著書〉

「島おこし経営者」「成長する企業」「新琉球時代の幕開け」

「世紀末を乗り切る秘訣」「琉球王朝と海外交易国家としての繁栄」

「大デフレ時代を乗り切る市場開拓戦略」　その他専門業務書。

■連絡先　〒903-0802　那覇市首里大名町2丁目23番地8
(有)沖縄経営経理事務所　携帯090 - 5027 - 2496
代表取締役・税理士　平敷慶宏
平敷慶宏税理士事務所　TEL 098 - 884 - 4501

「琉球王朝と海外交易国家としての繁栄」

発行日　２０１７年１２月１１日

著　者　平　敷　慶　宏

発売元　琉球プロジェクト
〒900-0005 那覇市天久905番地　琉球新報社内
TEL. 098-868-1141

印　刷　(有) でいご印刷
那覇市小禄878 - 5　電話098-858-7895

ISBN978-4-908598-22-7 C0021 ¥1300E